Ulja Krautwald
Die Geheimnisse d

CW01432832

PIPER

Zu diesem Buch

Die Kaiserin schlummert in jeder Frau und möchte geweckt werden. Sie weiß um die geheimen Strategien von Macht, Stärke und Erfolg und wie diese ganz bewusst genutzt werden können, um die eigenen Ziele zu erreichen. So wie die Kaiserin Wu Zhao, die im siebten Jahrhundert als Konkubine an den kaiserlichen Hof kam und schließlich die einzige Frau war, die in China uneingeschränkt als Kaiserin regierte. In diesem Buch geht Ulja Krautwald den magischen und machtvollen achtzig Strategien nach und erläutert die zwölf geheimnisvollen Elixiere, die in ihrer Zusammensetzung weit über tausend Jahre alt sind und nichts von dem verloren haben, was ihre magischen Wirkungen ausmacht. Die Strategeme der Kaiserin Wu Zhao aus dem alten China sind Wege zu Wohlstand, Glück, Gesundheit und Erfolg für Frauen von heute.

Ulja Krautwald, geboren 1958 in Hamburg, absolvierte nach einem Soziologiestudium mit Schwerpunkt Medizinsoziologie eine Heilpraktikerschule und eine Shiatsu-Ausbildung. Sie war in der medizinsoziologischen Forschung, bei der Gesundheitsbehörde, in einer Praxis für Fertilitätsmedizin und in der Erwachsenenbildung tätig. Seit vielen Jahren befaßt sie sich mit fernöstlichen Gedanken und Lebensweisen. Ulja Krautwald hat zwei Kinder und lebt heute als freie Autorin in Hamburg. Weiteres zur Autorin: www.zinnoberfluss.de

Ulja Krautwald
Die Geheimnisse der Kaiserin

Fernöstliche Strategien für Frauen

Mit zahlreichen Abbildungen

Piper München Zürich

Mehr über unsere Autoren und Bücher:
www.piper.de

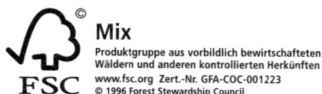

Mix
Produktgruppe aus vorbildlich bewirtschafteten
Wäldern und anderen kontrollierten Herkünften
FSC www.fsc.org Zert.-Nr. GFA-COC-001223
© 1996 Forest Stewardship Council

Originalausgabe
1. Auflage September 2006
5. Auflage November 2010
© 2006 Piper Verlag GmbH, München
Umschlag: semper smile, München,
nach einem Entwurf von Cornelia Niere
Umschlagabbildungen: Cornelia Niere
Satz: EDV-Fotosatz Huber/Verlagsservice G. Pfeifer, Germering
Papier: Munken Print von Arctic Paper Munkedals AB, Schweden
Druck und Bindung: CPI – Clausen & Bosse, Leck
Printed in Germany   ISBN 978-3-492-24800-6

Inhalt

Einführung

Die Kaiserin

Die Kaiserin ist wild und frei und selbstbestimmt. Sie ist frei geboren und lässt sich keine Vorschriften machen. Sie geht ihren eigenen Weg und tut nicht das, was andere ihr sagen. Sie läuft keinem Trend hinterher, sie lebt das Echte und Ursprüngliche. Die Kaiserin liebt sich selbst, die Natur und alles Lebendige. Die Kaiserin richtet sich nach ihren eigenen inneren Gesetzen. So wie sie frei und selbstbestimmt lebt, respektiert sie dies auch bei anderen. Sie hat kein Interesse daran, andere zu bekehren, zu unterdrücken oder anderen Vorschriften zu machen.

Die Kaiserin lebt ihr Leben für sich selbst und ihre eigenen Ziele. Sie weiß, ihre Zeit ist kostbar, darum vertritt sie ihre eigenen Interessen. Wer denkt, es ginge nur um Macht, um egoistische und materielle Vorteile, ist fantasielos. Der Kaiserin geht es immer um höhere Ziele, sie handelt im Einklang mit dem Kosmos oder der Schöpfung. Patriarchalische und religiöse Prägungen, wonach Frauen sich Männern oder religiösen Gemeinschaften unterordnen sollen, gelten nicht für die Kaiserin. Sie handelt nach ihren ureigensten Gesetzen. Da der Kaiserin die Freiheit eine Selbstverständlichkeit ist, wird sie diese niemals bei anderen Kaiserinnen einschränken. Sie wird andere Kaiserinnen immer großzügig unterstützen. Sie schätzt alles Lebendige, alles, was sich bewegt, und sie stürzt sich immer wieder aufs Neue in das Abenteuer des Lebens. Sie lässt sich leiten von Instinkten, Intuition und Eingebung. Sie lebt ihre Lust und Sexualität und ihre eigene Fantasie. Niemals würde sie ihre Interessen den Interessen eines Mannes unterordnen. Sie hat Kontakt zum Unergründlichen und zum Kosmos. Religiöse Vorschriften, Gesetze und Konventionen gelten ihr nichts. Sie weiß den Wert ihrer eigenen Arbeit zu schätzen. Die wenigen edlen Freunde liebt und schätzt sie wie sich selbst.

Wer

Jede Frau kann Kaiserin sein. Jede Frau hat die Kaiserin in sich. Sie muss sich nur entscheiden, ihr Leben selbstbestimmt zu führen. Die innere Kaiserin ist in jeder Frau vorhanden und kann die Führung übernehmen. Die innere Kaiserin weiß um die archaische Kraft, die geheime Wünsche und Ziele haben.

Die innere Kaiserin kann mit den Sätzen und Strategien aus diesem Buch zum Leben erweckt werden. Die Kaiserin kennt die Quellen ihrer Kraft. Die Strategien der Kaiserin sind solche Kraftquellen.

Die Kaiserin ist ein Archetyp und eine Identifikationsfigur für starke, selbstbewusste Frauen. Die Kräfte der Kaiserin sind die inneren Kräfte in uns, die für die Selbstbestimmung zuständig sind. Die innere Kaiserin hilft uns, das, was in uns angelegt ist, zu leben und nach außen zu tragen. Jede Frau kann sich mit der Energie der Kaiserin verbinden und so die Selbstbestimmung über ihr Leben erlangen.

Sie muss sich nur entscheiden, welchen inneren Kräften sie Raum geben möchte.

So wie die Kaiserin Wu Zhao, die im siebten Jahrhundert unserer Zeitrechnung als Konkubine an den kaiserlichen Hof kam und am Ende die einzige Frau war, die in China uneingeschränkt als Kaiserin regierte.

Vorgeschichte

Den Lebensweg der Kaiserin Wu Zhao haben Christine Li (Ärztin für chinesische Medizin) und ich, Ulja Krautwald, in unserem Buch »Der Weg der Kaiserin« beschrieben.

»Der Weg der Kaiserin« ist inzwischen ein Klassiker. Therapeutinnen empfehlen es ihren Patientinnen, und Ausbildungsstätten für chinesische Medizin haben es auf ihrer Literaturliste. Für viele Frauen ist es ein Buch, in dem sie ihr eigenes Leben wiederfinden. Manche Frauen sagten uns: »›Der Weg der Kaiserin‹ ist meine ganz persönliche Bibel, ich lese es immer wieder und habe es allen meinen Freundinnen geschenkt. Es liegt immer auf meinem Nachtkästchen.«

Im »Weg der Kaiserin« finden sich viele praktische Hinweise und Unterstützungen, um das Leben einer Kaiserin zu leben. Durch die energetischen Betrachtungsweisen der so genannten »Frauenleiden« ist es eine Einführung in die chinesische Medizin für Frauen. Es ist eine ideale Ergänzung zu diesem Buch. Alle Kaiserinnen sollten den »Weg der Kaiserin« lesen! Sie werden es nicht bereuen.

Die Sätze und Strategien aus diesem Buch

Während wir am »Weg der Kaiserin« schrieben, tauchten zum ersten Mal die kraftvollen und magische Sätze der Kaiserin auf. Immer am Ende eines Kapitels räumten wir ihnen einen gebührenden Platz ein. Später wurde deutlich, dass diese Sätze einen direkten Zugang zu den Kraftquellen der Kaiserin herstellen. Im Vertrauen darauf beschloss ich, von den Sätzen Kartensets herzustellen, die sich als Kraftkarten und zur Befragung der Kaiserin bewährt haben.

Wieder und wieder stellte sich heraus, dass die Sätze auf den Karten der Kaiserin noch magischer und geheimnisvoller sind, als wir es ohnehin angenommen hatten.

Sie wirken oft auf verblüffende Weise. Darum habe ich mich dafür entschieden, die Kraftsätze der Kaiserin in diesem Buch umfassend vorzustellen und zu erklären. So hat jede Kaiserin die Möglichkeit, mit den Sätzen zu arbeiten und sich von ihnen inspirieren zu lassen. Denn: Die Kraftsätze sind die Strategien der Kaiserin.

Kraftquellen aufsuchen

Wie die richtige Strategie gefunden werden kann:

1. Die Leserin und angehende Kaiserin kann das Buch von vorne bis hinten lesen und dabei viele verschiedene Handlungsweisen und alle kaiserlichen Strategien kennen lernen. Danach ist sie stark und mutig – und neugierig. Vielleicht möchte sie noch mehr lesen, ein Elixier (vgl. S. 146) trinken oder eine andere Methode ausprobieren.

2. Die Kaiserin kann die einzelnen Sätze im Register (S. 155) finden und die Sätze, die sie am meisten interessieren, im Buch nachlesen. Einige Strategien enthalten Handlungsempfehlungen oder Fragen, die die Kaiserin sich selbst beantworten wird. Womit die Wirkung der Strategie beginnt!

3. Die Kaiserin kann zunächst eine Karte der Kaiserin ziehen (vgl. Gebrauchsanweisung S. 16), über den gezogenen Satz meditieren und anschließend die Deutung in diesem Buch nachlesen.

4. Die Kaiserin hat den Weg der Kaiserin gelesen und möchte ihre kaiserliche Kraft verstärken. Sätze, die sie immer

schon besonders interessiert haben, und solche, die ihr immer ein Rätsel geblieben sind, sucht sie über das Register der Strategien auf.

5. Die Kaiserin kann sich eine Frage stellen und innehalten oder meditieren – und dann im Buch spontan eine Seite aufschlagen – und den Satz lesen, der dort steht.

Den Nebel zerteilen

Die Karten der Kaiserin

Zu diesem Buch gehören natürlich die Karten der Kaiserin. Alle hier enthaltenen Strategien stehen auf den Karten der Kaiserin. Die Kärtchen befinden sich in einer kaiserlichen roten Box (Bestellung über www.zinnoberfluss.de oder vgl. S. 146).

Die Karten können als Kraftkarten oder als Orakel benutzt werden.

Die Kaiserin weiß

Manchmal liegt ihr Wissen im Nebel, ist unsichtbar, unbewusst – und doch vorhanden.

Die Kaiserin folgt ihrer Intuition. Doch manchmal hat sie den Kontakt verloren. Zu viele Gedanken und Einflüsse verwirren.

Dann ist es an der Zeit, nach innen zu gehen und den Kontakt zur inneren Kaiserin und zur inneren Weisheit herzustellen. Dieses Wissen ist immer vorhanden.

Die Karten der Kaiserin können helfen, das, was im Nebel liegt, sichtbar zu machen, können helfen, den Dingen, die ans Licht wollen, Kraft zu geben.

Die Karten der Kaiserin sind ein Hilfsmittel; die Kaiserin entscheidet selbst, wann sie die Karten befragt.

Die Karten der Kaiserin spiegeln das Wissen der Kaiserin, und die Karten können den Schatten zeigen, sie konfrontieren mit Aspekten, die vielleicht gerade ausgeblendet sind. Die Karten der Kaiserin sind kraftvoll und magisch. Wenn die Kaiserin die Karten befragt, wird sich etwas verändern. Wenn die Kaiserin in diesem Buch liest, wird sich ebenfalls etwas verändern.

Die Karten der Kaiserin und die Strategien der Kaiserin

spiegeln das Potenzial der Kaiserin
zeigen ihren Schatten
bringen ausgegrenzte Aspekte ans Licht
verstärken Visionen
geben bestimmten Aspekten Kraft
sind magisch
helfen bei Entscheidungen
sind Kraftkarten
stellen auf geheimnisvolle Weise Kontakt her
zu allen Kaiserinnen
lassen Kraft wachsen
begleiten die Kaiserin auf ihrem Weg.

So können die Karten genutzt werden:

Befragung

Die Karten werden in einer Schale oder auf einem Tuch ausgebreitet. Schon bevor die Kaiserin die Karten verteilt, stellt sie eine Frage, laut oder in Gedanken. Nach einem Innehalten zieht sie eine Karte.

Verstärkung

Die Kaiserin nimmt die Karte, die sie am meisten anspricht oder die sie gezogen hat, schaut sie sich an, legt sie gut sichtbar auf den Schreibtisch, ans Bett oder auf den Hausaltar. Und lässt die Kraft der Kaiserin wirken.

Meditationen, lange Spaziergänge, Qi Gong, Lesen in diesem Buch und das Trinken der Elixiere unterstützen den Kontakt zum inneren Wissen der Kaiserin.

Geheimnisvolle Wirkungen

Die Sätze der Kaiserin sind ein machtvolles strategisches Instrument, sie haben eine magische Wirkung. Darum zunächst eine Warnung: Die Sätze wirken! Sie wirken stärker als manches offiziell zugelassene Medikament, effektiver als viele Waffen und geheimnisvoller als jede Verschwörung. Vergleichbar vielleicht mit der tiefgründigen und anarchischen Wirkung einer ausgezeichneten Massage oder einer wirklichen Liebesnacht.

Ihre Wirkung ist rein energetisch. Sie beginnt im Inneren. Die Strategie der Kaiserin wirkt von innen nach außen, wie alles, was die Kraft der Veränderung in sich birgt.

Da die Kraft der Veränderung aus dem Urgrund kommt, wird ein Rest Geheimnis bleiben. Echte Kaiserinnen werden verstehen.

Wer sich darauf einlässt, wird sich verändern. Echte Kaiserinnen wissen, Veränderungen sind selten bequem. Hier unterscheiden sich die Kaiserinnen von den Nichtkaiserinnen.

Kaiserin des eigenen Lebens

Wie die Strategie funktioniert:

Die Strategien der Kaiserin wirken auf das Unterbewusstsein ein. Die innere Kaiserin, die dort angelegt ist, wird wach und stark. Die innere Kaiserin beginnt zu wachsen. Damit beginnt es.

Die sich entwickelnde kaiserliche Haltung und die eigenen kaiserlichen Einstellungen und Vorstellungen zeigen sich in einer veränderten Körperhaltung. In kaiserlicher Kleidung, in selbstbestimmten Gesten, im eigenen Tonfall der Stimme, im originären Verhalten. Dies wird von der Umwelt wahrgenommen und ruft entsprechende Reaktionen hervor. Wer als Kaiserin auftritt, wird als Kaiserin behandelt.

Ein anderes Geheimnis ist, dass die unbewussten Anteile eines Menschen mit den unbewussten Anteilen der anderen Menschen in Verbindung stehen. Dies wirkt wie ein unterirdisches Wurzelwerk. Das eigene Unterbewusstsein wirkt auf das Unterbewusstsein der anderen ein. Auf diese Weise teilen sich verborgene Wünsche, Entscheidungen und Einstellungen mit. Die anderen nehmen unbewusst sofort wahr, dass sie es mit einer Kaiserin zu tun haben, und verhalten sich entsprechend.

Durch das Fällen einer Entscheidung, die im Einklang mit der Natur, dem eigenen Wesen und den eigenen inneren Moralvorstellungen ist, findet eine Anbindung an das Unergründliche statt. Dies funktioniert, weil das eigene Wesen auch Natur ist. Entscheidungen, die im Einklang mit der eigenen Lebensaufgabe sind, werden vom Unergründlichen, mit Hilfe der Prinzipien des Wu Wei unterstützt.

Dies gilt insbesondere für die Entscheidung, Kaiserin des eigenen Lebens zu sein.

Wu Wei und das Unergründliche

Tun im Nichts-Tun oder Handeln im Nicht-Handeln ist die einfache und gleichzeitig rätselhafte Übersetzung von Wu Wei. Es ist die Weisheit des Nichteingreifens. Wu Wei ist ein wesentliches Prinzip des Taoismus und die Sichtweise, dass alles von selbst und zur rechten Zeit und im Einklang mit dem Kosmos geschieht. Der bekannteste Philosoph des Taoismus ist Laotse mit seinem berühmten Buch, dem Tao Te King. Es beschreibt in 81 poetischen Versen unter anderem, wie Wu Wei gelingen kann.

Das Unergründliche ist unsichtbar

Das Unergründliche wirkt im Verborgenen.

Das Unergründliche hat seine eigene Zeit.

Wu Wei bedeutet sich zurücknehmen und das Unergründliche wirken lassen. Wu Wei heißt Tun im Nicht-Tun. Dennoch hat es nichts mit Faulheit zu tun. Mit Müßiggang schon eher, weil Müßiggang von Muße kommt und dort die Muse wohnt. Die Muse küsst, und so wirkt auch das Unergründliche. Die Muse küsst gerne in Stille. Der Kuss der Muse bewirkt einen Impuls, dem im Idealfall die Handlung folgt. Eine Handlung, die im Einklang mit dem Unergründlichen ist.

Diese Handlung, die den Gesetzen des Wu Wei entspricht, hat keine andere Absicht außer sich selbst, sie verfolgt keine egoistischen Ziele oder gar Gewinnstreben. Denn jede fremde Absicht zerstört oder schwächt das Wirken des Unergründlichen. Das Unergründliche wirkt aus sich selbst heraus. Dennoch kann ein Ziel formuliert werden, zum Beispiel, ein Artikel soll geschrieben werden, ein Bild soll gemalt werden – ein Samenkorn wird in die Erde gelegt. Die Information, das Material ist da. Aus einer Kastanie wird kein Apfelbaum. Wenn ein Artikel geschrieben werden soll, wird kein Schrank gezimmert. Aber wie es genau aussehen wird, wie es wächst, ist nicht festgelegt, das bleibt dem Wirken des Unergründlichen überlassen.

Am deutlichsten ist das Wirken des Unergründlichen beim Wachsen von Pflanzen oder Kindern zu sehen. Wie ist es zu verstehen, dass aus einer Kastanie ein ganzer Kastanienbaum wird, wie zu verstehen, dass dieser Zwei-Meter-Mann einmal ein Baby war. Es ist nicht zu begreifen, wie aus einer Zwiebel eine schöne Blume wird; auch wer die Zwiebel aufschneidet, wird darin keine winzige Tulpe finden. Wie ist zu verstehen, dass eine Fläche, auf der wir eben noch spazieren gegangen sind und uns schlammige Füße geholt haben, sich wenige Stunden später in die von Wellen brausende Nordsee verwandelt. Natürlich gibt es für all diese Phänomene wissenschaftliche Erklärungen. (Das Watt in der Nordsee ist nur durch Ebbe und Flut möglich, und Ebbe und Flut entstehen durch die Anziehungskraft des Mondes auf das Meer.) Doch wer genau hinfühlt, wird spüren, dass diese logischen Erklärungen nur den Verstand befriedigen, sie hinterlassen ein fremdes, ein entfremdetes Gefühl zur Natur. Etwas fehlt. Das Unergründliche ist unergründlich, und das macht seine Kraft und sein Geheimnis aus.

Damit das Unergründliche wirken kann, muss es ungestört wirken können. Jede Einmischung, so gut sie auch gemeint ist, zerstört und schwächt. Nicht nur zarte Wurzeltriebe können abgebrochen werden. Der Opa, der seinem Enkelkind, das die ersten Kopffüßler zeichnet, vormalt, wie ein Mensch »wirklich« aussieht, bringt nicht nur sich selbst um einmalig zauberhafte Bilder des Kindes, er schneidet auch etwas von dem originären Ausdruck und dem Selbstvertrauen des Kindes ab.

Wu Wei im täglichen Leben

Wu Wei, ist das, was von selbst geschieht. Oft geschieht es, wenn wir nicht (mehr) damit rechnen.

Von Laotse stammt der Satz: Sei du selbst, und alle Dinge werden zu dir kommen.

Wu Wei wirkt nicht nur in der Natur, dort ist es vordergründiger sichtbar, es wirkt bei jedem Einzelnen – auch wir sind Teil der Natur –, WuWei ist ein zugrunde liegendes Prinzip, sozusagen ein Zug, der immer fährt und den wir nehmen können. Wu Wei kostet nur Geduld.

Laotse: »Wort und Werke wollen aus dem Urgrund aufsteigen.«

So kann ein Ziel, vergleichbar mit einem Samenkorn, vom Unergründlichen unterstützt werden. Ein Ziel, das formuliert wird (und sei es im Stillen), hat eine Wirkung, mobilisiert unsichtbare Kräfte. Das Unbewusste des Einzelnen arbeitet auf geheimnisvolle Weise mit dem Unergründlichen zusammen, so erscheinen dann die Personen und Situationen, die nötig sind, um das entstehen zu lassen, was wir einmal anvisiert haben.

Die Voraussetzung ist, dass das, was anvisiert wird, Kraft hat. So wie das Samenkorn, aus dem ein kräftiger Baum wachsen soll, unversehrt und gesund, von guter Essenz sein muss.

Wu Wei wirkt auch bei den kleinen Dingen des Alltags. Wu Wei ist der Impuls, der zu einer seltsamen Zeit kommt. Zum Beispiel ist das Badezimmer dringend säuberungsbedürftig, aber es gibt gerade keine Freude, es zu tun. Und dann, um Mitternacht, fängt man von selbst an, das Badezimmer zu putzen. Das Unergründliche hält sich nicht an Zeiten und Konventionen.

Es geht von selbst. Und es geht ganz leicht. Das ist Wu Wei.

Fremdbestimmungen beenden – Kaiserin sein!

Worte sind Macht. Worte und Sätze sind die wirklichen Herrschaftsinstrumente unserer Zeit. Dicht stehen sie neben den Gedanken, den Einstellungen und Vorstellungen, wie die Welt ist und wie wir selbst darin stehen. In Worten denken wir, wie wir sind. Tausend Mal am Tag. Wir denken Sätze, die von anderen entworfen sind. Sätze, die uns klein halten, Sätze, die unsere Möglichkeiten begrenzen.

Welche Sätze und Gedanken stellen sich zum Beispiel beim Durchblättern einer Modezeitschrift ein?

»Oh, das sieht gut aus, diese Frau ist bestimmt reich, hat viele Liebhaber, sie ist schlank, hat so schöne Haare. Ich kann das nicht tragen, viel zu teuer, und außerdem habe ich nicht die Figur dazu, vielleicht kaufe ich mir etwas anderes, etwas, was auch dort abgebildet ist, dann bekomme ich ein bisschen von dem Glanz, nicht den ganzen, der steht mir auch nicht zu ...«

Tausende von schwächenden und klein und krank machenden Gedanken fluten unser Hirn: »Ich kann es nicht, meine Mutter hat auch gesagt, ja Gaby, die kann ... Sowieso hat gesagt, wenn ich abnehmen würde ... sieh an, dieser Ort ist angesagt ...«

Tausende von Sätzen der Fremdbestimmung lassen wir auf uns einprasseln. Und sie verfehlen ihre Wirkung nicht. Überall sind die Folgen zu sehen, im Kaufverhalten, in der Frequentierung angesagter, teurer Orte und Lokale.

Man könnte sagen, Werbestrategen seien die machtvollsten Menschen dieser Zeit. Doch auch sie sind nur Diener des Geldes und der Eitelkeiten, gefesselt an ihren Job oder ihren Arbeitgeber. So lange, bis sie verheizt oder bis andere Agenturen erfolgreicher sind. Oder bis wir alle dieses bunt raschelnde Geplapper nicht mehr hören können und Augen und Ohren davor verschließen.

Wir leben in einer Zeit enormer Einflussnahme, nicht so sehr auf unsere freie Bewegung, die Sklaverei und die Leibeigenschaft sind längst abgeschafft, aber wir sind Sklaven und Leibeigene der ehemals fremden, aber nun zu Eigen gemachten Gedanken und Vorstellungen.

Innere Kraft

Die Strategien der Kaiserin setzen dort an, wo der eigene Ursprung ist. Die Sätze stellen den Kontakt zu den eigenen Wurzeln, der eigenen Kraftquelle her. Sie ermöglichen, sich mit dem eigenen Wesen zu verbinden und von dort aus das eigene Handeln zu bestimmen. Wer sich auf die Sätze einlässt, wird einen Kraftzuwachs spüren. Diese Kraft kommt nicht von außen (wie durch den Kauf angesagter Marken und teurer Trendartikel). Diese Kraft kommt von innen. Jede Frau ist selbst die Kaiserin! Kaiserin ihres eigenen Lebens.

Hintergrund

Magische Wirkung der Sprache

Am Anfang war das Wort, heißt es in der Bibel. Dies zeigt das ausgeprägte Bewusstsein über die Kraft der Sprache in der Religion. Religionen sind die fähigsten Aufsteller von Glaubenssätzen! Das Handeln und Denken vieler Menschen wird weltweit noch immer am meisten von Religionen bestimmt. Auch wenn diese Vorstellungen eine gewisse Sicherheit bieten, weil andere auch danach handeln, so dienen sie doch nicht der Selbstbestimmung und Freiheit der Kaiserin. (Wenn die Wahrheit von den Herrschenden erkannt wird, so machen sie daraus eine Religion und knebeln damit die Wahrheit und die Menschen, sagte Samarpan.)

Diese alten Glaubenssätze, die unzählige Male im Laufe eines Tages wiederholt werden, wirken auf das, was wir glauben, und damit auf unser Handeln. Die meisten diese Glaubenssätze laufen unbewusst ab. Unbewusst werden wir von Glaubenssätzen, die unsere Freiheit einschränken, bestimmt.

Die Kaiserin weiß, was sie will.

Die Kaiserin stellt ihre eigenen Glaubenssätze auf. Sie weiß, was sie will und was sie erreichen will, und sie weiß, welche inneren Gedanken sie dafür braucht. Dafür nutzt sie ganz gezielt die Sätze und Strategien in diesem Buch.

Ein Versuch – um die Wirkung der Sätze direkt und auf der einfachsten Ebene zu erfahren:

Die Kaiserin geht eine Treppe oder einen Berg hinauf und denkt dabei einen Satz, den sie vielleicht häufig denkt. Zum Beispiel: »Puh, das ist anstrengend, dieser Berg nimmt ja gar kein Ende …« oder »Ich schaffe das nicht«.

Dann geht sie denselben Berg noch einmal hinauf und denkt: »Die Kaiserin kennt die Quellen ihrer Kraft.« Wichtig ist, dass bei diesem Versuch keine anderen Gedanken Platz haben. Sie kann den entsprechenden Satz auch laut oder leise vor sich her sprechen. Bei beiden Berg- oder Treppenbesteigungen beobachtet sie ihren Körper, nimmt wahr, wie sich ihre Beine anfühlen. Wie leicht oder schwer ihr der Aufstieg fällt.

Die Wirkung der Sätze und Strategien geht allerdings noch weiter. Die Kaiserin wird das erfahren.

Die Sätze der Kaiserin sind machtvolle Strategien, die die Kaiserin selbst mit ihrer Entscheidung im Bewusstsein und dann darauf folgend im Unterbewusstsein verankert. Von dort wirken die Sätze auf ihr Handeln und Denken ein und auf das Handeln anderer. Denn diese Sätze teilen sich auf vielfältige Weise auch den anderen mit. Die Voraussetzung dafür ist aber, dass die Frau wirklich Kaiserin sein möchte. Damit die Sätze optimal wirken, gibt es sie als Karten. Die Karten der Kaiserin. Die Kaiserin mischt ihre Karten selbst.

Die Sätze selbst sind energievoll aufgeladen. Die Kaiserin kann sich ihren Lieblingssatz auch auf einen großen Bogen schreiben und übers Bett hängen.

Das Namenlose ist der Anfang von Himmel und Erde.
LAOTSE

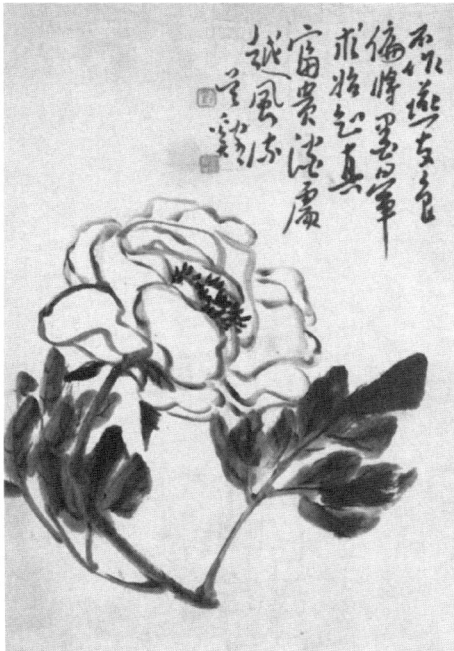

Die Kaiserin weiß um ihre eigene Bestimmung

Wu Zhao, die später tatsächlich Kaiserin von China wurde, war als Kind geweissagt worden, dass sie einmal Herrscherin des ganzen Reiches werden würde. Keiner glaubte an diese Prophezeiung, doch Wu Zhao bewahrte die Weissagung in ihrem Herzen. Als sie als Konkubine am kaiserlichen Hof lebte und das erste Mal den Arzt und Schamanen Sun Simiao aufsuchte, erkannte dieser, wen er vor sich hatte. Er sah die, die sie war, und die, die sie sein würde.

Wer sehen kann, erkennt das Wesentliche. Wer versteht, erfasst den Kern.

Darum weiß die Kaiserin um ihre eigene Bestimmung. Die eigene Bestimmung ist zunächst wie ein Samenkorn, das im Innern angelegt ist. Irgendwann fängt es an zu keimen, und feine Wurzeln und zarte Blätter sprießen hervor. Manchmal wächst diese Pflanze lange im Verborgenen. Die eigene Bestimmung ist etwas Zartes und Eigenes, und nicht immer ist es klug, dies öffentlich auszusprechen. Es gibt zu viele unedle Menschen, die aus Neid und Missgunst Dinge sagen, die den, der sein Innerstes offen zeigt, treffen und verletzen könnten.

Es genügt, um die eigene Bestimmung zu wissen.

Manchmal kann dieses Wissen noch nicht in Worte gefasst werden. Manchmal weiß die Kaiserin nur, dass sie bestimmte Orte aufsuchen, Dinge tun muss, deren Sinn sie selbst noch nicht versteht.

Manchmal muss die Kaiserin Zeiten aushalten, in denen sie ihre Fähigkeiten noch nicht zeigen kann, wenn noch niemand erkennt (auch sie selbst nicht), wer sie ist und was sie wirklich kann. Die Kaiserin weiß, ihre Zeit wird kommen.

Die Kaiserin weiß um ihre Bestimmung und vertraut auf die Kraft.

Die Kaiserin ist frei geboren

Die Kaiserin spürt, dass sie frei geboren ist. Sie weiß, letztendlich wird sie sich selbst Rechenschaft schuldig sein, wie sie ihr Leben verbracht hat.

Ein Sonnenblumenkern hat alles in sich, um als schöne Sonnenblume heranzuwachsen. Ausreichend Nährstoffe, Sonne, Wasser und Schutz vor widrigen Winden vorausgesetzt. Jede Frau kommt auf die Welt, um ihr Leben selbstbestimmt zu leben. Alles, was sie dafür braucht, trägt sie in sich. Sie muss nicht erzogen, nicht gebändigt werden, sie muss sich nicht zwingen und sie muss niemandem nacheifern.

Kein Mensch hat das Recht, über einen anderen zu bestimmen oder seine Freiheit einzuschränken. Instinktiv spüren wir das fast alle.

Die Kaiserin ist frei. Sie hat die Freiheit, sich nach ihrem Innersten zu richten. Sie muss nicht das tun, was andere tun. Sie muss keinen Beruf ausüben, der ihr nicht gefällt, sie muss nicht jeden Abend vor dem Fernseher verbringen. Sie muss nicht bei diesem Mann bleiben.

Die Kaiserin ist vollkommen frei, jetzt und in jedem Moment. Sie kann jederzeit alle Vereinbarungen und Verträge kündigen. Sie kann auf der Stelle ihre Sachen nehmen und nach Canberra reisen.

Sie muss sich nicht operieren lassen. Sie muss diese Medikamente nicht schlucken. Sie selbst ist die Kaiserin. Sie ist frei geboren. Sie kann alles entscheiden.

Sie kann alles tun, was ihr wirklich wichtig ist. Ihr größtes Hindernis sind ihre eigenen Gedanken. Ihre Angst, etwas

Neues und Unbekanntes zu wagen. Ihre Angst, selbstverant-
wortlich zu sein. Alle diese Ängste und Sicherheitsbestre-
bungen sind Fesseln, die sie sich selbst anlegt. Ihr Geburts-
recht ist das der Freiheit.

Die Kaiserin ist schön

Der Begriff der Schönheit ist in unserer Gesellschaft an
Models und Mode, bestenfalls noch an Kunst geknüpft.
Manche der kühlen Modelschönheiten sind blass und aus-
gehungert. Zu anderen Zeiten galten auch bei uns andere
Schönheitsideale und Maßstäbe, wie nicht nur die Gemälde
von Rubens zeigen.

Für die Schönheit der Kaiserin gibt es keine Maßstäbe.
Ihre innere Schönheit offenbart sich dem, der tiefer als jede
Maske, jedes Make-up, jede Verkleidung schauen kann. Es
ist ihre Seele, die nach außen scheint. Ihr Inneres ist schön.
So ist bekannt, dass dem, der liebt, die geliebte Person die
Schönste auf der ganzen Welt ist.

Einmal war ich auf einem Retreat bei einem weisen Mann.
Neben ganz unterschiedlichen Menschen befand sich auch
eine Frau dort, die von einer Krankheit gezeichnet war, sie
konnte kaum noch laufen und sah ausgemergelt und krank
aus. Einmal hatte diese Frau es geschafft, nach vorne zu
dem weisen Mann zu gehen und sich neben ihn zu setzen.
Sie sprach von ihrer Krankheit und wie sie darunter leiden
würde, wie entstellt sie sei und dass sie nicht mehr lange zu
leben hätte. Der weise Mann sah diese Frau an und sprach
von ihrer Schönheit. Du bist wunderschön, sagte er, ich sehe
deine Schönheit. Ich kann deine wahre Schönheit sehen. In
dem Moment konnten auch alle anderen die Schönheit der
sterbenskranken Frau erkennen.

Wahre Schönheit lässt sich nicht auftragen. Wahre Schönheit betrifft den Kern, das Wesen, das, was in uns unzerstörbar ist. Je mehr dieser Kern strahlt, desto mehr ist die Schönheit sichtbar, nicht nur für Erleuchtete.

Äußere, individuelle Schönheit, die von der lebendigen Frische der Jugend kommt, ist wie ein reifer Pfirsich, der Vergänglichkeit geweiht. Die Ausstrahlung aber bleibt, unabhängig vom Alter.

Die Kaiserin macht sich unabhängig von aktuellen Schönheitstrends. Sie vergleicht sich nicht mit anderen. Sie weiß, sie ist einmalig, ihre Schönheit kommt von innen. Es ist ihr egal, dass diese nicht jeder erkennen kann. Sie weiß, wer schauen kann, wird ihre wahre Schönheit erkennen. Denn: Die Kaiserin ist schön.

Die Kaiserin bemuttert sich selbst

Irgendwann hat die Kaiserin keine Mutter mehr gehabt, die sich um sie kümmert. Sie musste selbst für sich sorgen. Vielleicht wurde die Kaiserin von ihrer leiblichen Mutter auch gar nicht genügend bemuttert. Aber das spielt jetzt keine Rolle mehr, jetzt bemuttert sie sich selbst. Die Kaiserin ist sich selbst eine gute Mutter. Sie bemuttert sich selbst, damit sie sich rundum wohl fühlt. Sie wartet nicht darauf, dass jemand anders für sie sorgt, denn darauf kann sie lange warten. So bringt sich die Kaiserin selbst Tee ans Bett und kauft sich selbst warme Socken. Sie kocht sich selbst das beste Essen oder wählt selbst die besten Restaurants aus. Sie wählt schöne und stärkende Kleidung. Sie achtet dabei nicht so sehr auf den Preis, sondern auf das, was ihr selbst gut tut. Sie sorgt für sich selbst, als sei sie die eigene ideale Mutter. So hat sie die Basis für alles andere. So gestärkt, braucht sie nichts zu fürchten.

Wenn die Kaiserin darauf wartet, dass jemand anders sie bemuttert, führt dies meist zum seelischen und körperlichen Hungertod.

Manchmal passiert es allerdings, dass andere dem eigenen Beispiel folgen und nun anfangen, gut für die Kaiserin zu kochen, oder ihr andere gute Dinge tun. Dies kann durchaus vorkommen.

Die Kaiserin vertraut ihrer Intuition

Es gibt eine feine, leise Stimme im Innern jedes Menschen, die weiß, was richtig ist. Das ist die Intuition. Die Intuition zeigt sich als Sog, an einen bestimmten Ort zu gehen, ein Buch nur nach dem Umschlag zu kaufen, jetzt gerade die Freundin anzurufen, einem bestimmten Menschen nicht zu vertrauen, obwohl alle sagen, dem kannst du vertrauen. Die Intuition widerspricht oft der gängigen Meinung. Die Intuition ist eine innere Instanz, die mehr weiß, als uns bewusst ist. In der Intuition kommen Erinnerungen, Instinkte, eigene Erfahrungen und die Erfahrungen der Ahnen – und manchmal göttliche Eingebungen zusammen. Die Intuition spricht leise. Sie lässt sich nicht überprüfen, und sie schweigt, wenn zu viele Einflüsse und Meinungen, vor allem Diskussionen und Infragestellungen, auf die Kaiserin einstürzen. Die Intuition arbeitet im Interesse der Kaiserin.

Die Kaiserin diskutiert das, was ihre Intuition sagt, niemals mit Menschen, die dafür keinen Sinn haben. Überhaupt wird diese Art der Wahrnehmung eher durch das Darüber-Schweigen und darauf folgende Handlungen gestärkt, als durch zu viel Worte. Die eigene Intuition gehört einem selbst, ganz allein. Sie ist dem eigenen Wesen, der eigenen Bestimmung sehr nah. Die Intuition ist ein kostbarer Schatz. Je mehr die Kaiserin der eigenen Intuition vertraut, desto mehr wird diese wachsen und die Kaiserin unterstützen.

Die Weisen lassen sich vom Bauch leiten, nicht von den Augen.
LAOTSE

Die Kaiserin geht ihren eigenen Weg

Wege und Möglichkeiten, das Leben zu gestalten, zu wohnen, Zeit zu verbringen, zu reisen, Geld auszugeben und sich zu kleiden, gibt es viele. Vorschläge, Konventionen und Berichte darüber, wo man zum Beispiel seinen Urlaub verbringt, lassen sich überall nachlesen. Ebenso, was Trend ist und was dieses Jahr wieder völlig out.

Wer sich danach richtet, lebt fremdbestimmt und wandert auf fremden, oft breiten und ausgewiesenen Wegen mit entsprechendem Wegezoll.

Der eigene Weg ist unbekannt, überraschend und immer wieder neu. Die Kaiserin setzt jeden Fuß selbst, sie folgt dabei ihren eigenen Eingebungen und Impulsen.

Die Kaiserin lässt sich nicht von anderen in ihre eigenen Entscheidungen hineinreden. Sie vertraut ihrer eigenen Intuition, dem eigenen Geschmack und den eigenen Wünschen.

Die Kaiserin entscheidet selbst

Es gibt eine seltsame Erscheinung in der westlichen Welt, und die ist, dass die eine Hälfte der Menschen mit dem Leben Probleme hat und darum Rat und Therapie sucht. Die andere Hälfte der Menschen verdient ihr Geld damit, andere zu beraten und zu therapieren. (Meist lassen sich die

Ratgebenden selbst aber mindestens noch coachen.) So gibt es eine Flut von Ratgebern, Wahrsagern, Therapeuten, Psychologen, Ärzten und Firmen, die bunte Pillen herstellen.

Da aber die Hilfegebenden dies nicht (nur) aus Nächstenliebe oder Bestimmung tun, sondern auch ihr Geld damit verdienen, wird den Allermeisten daran gelegen sein, dass ihre Klienten langfristig in der Hilfebedürftigkeit verharren und immer wieder Hilfe in Anspruch nehmen müssen. Ein Beispiel für dieses Prinzip zeigt sich, wenn Frauen in der Zeit der so genannten Wechseljahre arglos einen Gynäkologen aufsuchen. Nicht umsonst heißt es im Volksmund: Wenn du gesund bleiben willst, dann meide alle Ärzte.

So fühlen sich die Berater und Wahrsager dann auch verantwortlich für ihre Klienten, wissen oft sehr genau, was richtig für diese ist, und weil sie sich so viel Mühe geben, entstehen vielleicht sogar Schuldgefühle, und so kommen die Klienten immer wieder. Eine oft lebenslange Beziehung gegenseitiger Abhängigkeit entsteht. Die einen fühlen sich verantwortlich und bekommen Geld, die anderen verinnerlichen die Haltung: Ich bin hilfsbedürftig, ich brauche immer Rat. So heißt es dann nicht nur, ich muss erst meinen Rechtsanwalt fragen oder meinen Agenten, nein, ich muss erst den Astrologen, die Handleserin, den Arzt oder den Coach fragen.

Vor wichtigen und gefährlichen Schlachten verbot Sunzi die Befragung des Orakels. So hielt er alle Kräfte seiner Soldaten beisammen, ließ keine Zweifel aufkommen und gewann viele Herausforderungen.

Die Kaiserin entscheidet selbst! Wenn sie einmal in einer Lage ist, in der sie Hilfe und Unterstützung braucht, wählt sie zunächst die Meditation. Ihre wenigen Berater und Ärzte wählt sie unter den Edlen. Solche, die sie informieren und nicht zu manipulieren versuchen. Sie selbst entscheidet. Die Kaiserin weiß, dass sie alles in sich hat, sie selbst weiß, was für sie das Beste ist. Sie ist bereit, Zeiten der Unsicherheit auszuhalten. Antworten findet sie in der Versenkung der Meditation, auf langen, einsamen Spaziergängen oder in ihren Träumen. Sie weiß, kein anderer als sie selbst kann wissen, was für sie das Richtige und Beste ist. Sie macht sich darüber keine Illusionen.

Wenn die ganze Welt Schönes als schön erkennt,
entsteht das Hässliche.
Wenn die ganze Welt Gutes als gut erkennt,
entsteht das Böse.
LAOTSE

Die Kaiserin genießt die Macht ihrer Magie

Kaiserinnen haben Zugang zur weiblichen Urkraft. Diese Urkraft verwandelt sich in Magie, je mehr die Kaiserin sich zu der entwickelt, die sie ist.

Je mehr die Kaiserin ihre Weiblichkeit liebt und schätzt, desto mehr Kraftzuwachs wird sie erfahren. Frauen, die im Einklang mit ihrer Weiblichkeit und Persönlichkeit sind, haben ganz automatisch eine magische Wirkung, nicht nur auf Männer.

Wenn das Geheimnisvolle Magische eines Menschen, das, was im Wesen jedes Menschen verborgen ist, in Erscheinung tritt, können sich die wenigsten Menschen dieser Macht verschließen.

Warum nicht diese magischen Fähigkeiten kultivieren, warum nicht die machtvolle Kraft der eigenen Magie genießen. Als da sind zum Schmeicheln: bewundernde Blicke, Einladungen zum Austernessen, stolpernde Schritte und zusammenhanglose Worte der Verehrer, funkelnde Krohnleuchter, Kaminfeuer, wunderbare Tänze, besessene Männer, selige Träume, leuchtende Augen und zahllose Angebote und Verlockungen.

Und nicht zu vergessen: Momente des Glücks, wenn das, was in uns ist, nach außen scheint und funkelt. Dort sitzt die kreative Kraft der Veränderung. Sie kann auf vielfältige Weise genutzt werden. Die Kaiserin entscheidet darüber ganz allein.

Wenn die Kraft der Tiefe, die weibliche Urkraft, die in den Nieren sitzt, und die inspirierende Kraft des inneren Feuers, die im Herzen wohnt, zusammenkommen, entsteht machtvolle Magie. Dieser Kraft kann sich kein lebendes Wesen entziehen.

Es gehört nur etwas Mut dazu, die Kaiserin zu sein, die im Innern angelegt ist. Die Freude am Spiel entwickelt sich dann von ganz allein. Je präsenter, je authentischer die Kaiserin ist, desto mehr wird ihre Magie wachsen.

Die Kaiserin respektiert sich selbst

Alle finden etwas ganz toll, nur die Kaiserin nicht. Der ganze Bekanntenkreis sagt, stell dich nicht so an, alle tragen diese Schuhe, sei nicht komisch, sei nicht prüde, komm schon, erzähl von deiner Nacht mit …

Die Nachbarin oder Freundin klingelt und fragt, kannst du mal eben in meiner Wohnung auf den Klempner warten? Die Kaiserin hat eigentlich gar keine Zeit, sie möchte vielleicht gerade über etwas nachdenken. Der Mann hat seine Skatrunde eingeladen und erwartet, dass sie Häppchen macht und serviert, aber sie hat gar keine Lust dazu. Sie mag die Witze der lustigen Männerrunde gar nicht hören, sie will eigentlich nur ihre Ruhe.

Wenn jemand, den sie um einen Gefallen bittet, sagen würde: du, es passt mir gerade nicht, ich habe keine Zeit oder keine Lust, ich habe etwas anderes vor, ich habe keine Freude dran, ich fühle mich nicht wohl in den kurzen Höschen, ich bin müde. Sie hätte immer Verständnis. Nur ihre eigenen Wünsche, ihre eigenen Bedürfnisse, die hat sie ganz aus den Augen verloren.

Aber nun hat sie das erkannt!

Die Kaiserin weiß, je mehr sie all das tut, was andere von ihr erwarten, je mehr sie andere Wünsche erfüllt und die eigenen immer hintenanstellt, desto mehr sehen die anderen dies als selbstverständlich an und desto weniger Respekt werden sie ihr entgegenbringen. Dienerinnen werden nicht respektiert, darüber braucht sie sich gar keine Illusionen zu machen.

Die Kaiserin weiß, Respekt von anderen wird sie nur dann bekommen, wenn sie sich zuerst selbst respektiert und achtet.

Ab sofort respektiert die Kaiserin sich selbst. Selbst wenn sie aus Versehen eine Zusage zu etwas gegeben hat, was sie gar nicht möchte, kann sie das wieder rückgängig machen. Sie muss nichts erklären. (Sie sollte nicht zu viel erklären!) Sie hat keine Zeit mehr. Sie hat keine Zeit mehr für die Interessen der anderen, sie braucht jetzt Zeit für sich. Wenn sie sich unschlüssig ist, kann sie sagen, ich überlege es mir. Sie muss nicht zusagen. Sie ist diejenige, die über ihre Zeit verfügt.

Das ist der erste Schritt. Die Kaiserin respektiert sich selbst. Dadurch werden größere Veränderungen eintreten. Garantiert.

Die Kaiserin meidet herrschsüchtige Ärzte und Menschen, die nicht lachen

Gerade in Situationen der eigenen Hilflosigkeit ist es wichtig, mit edlen Menschen zu tun zu haben, Menschen, die jedes Wesen achten, so alt, so gebrechlich und so hilflos es auch sein mag.

Wie überall, gibt es auch unter den Ärzten Menschen, die ihre Freude und Anerkennung daraus ziehen, über andere Herrschaft auszuüben. Die Kaiserin hat automatisch immer einen Bogen um diese Art von Menschen gemacht. Logischerweise suchen herrschsüchtige Menschen Positionen, in denen es ihnen leicht fällt, auf andere herabzublicken und so sich selbst aufzuwerten. Herrschsüchtige Ärzte nutzen die Hilflosigkeit und Unwissenheit der Menschen aus, die sich an sie wenden. »Davon verstehen Sie nichts, nehmen Sie das ...«

Die Kaiserin will immer und überall als Kaiserin behandelt werden, darum meidet sie herrschsüchtige Ärzte, wie sie alle herrschsüchtigen Menschen meidet. Die Kaiserin bevorzugt Ärzte, die ihre Wünsche ernst nehmen und denen es nicht darum geht, zu bestimmen oder über die Patienten zu herrschen. Sie bevorzugt den Umgang mit Menschen, die über sich selbst und die kleinen Albernheiten des Lebens lachen können. Wer nicht lacht, mit dem macht der Umgang keine Freude. Die Kaiserin lacht, auch über das scheinbar Düstere und Dunkle.

Die Kaiserin lässt sich nicht bevormunden. Sie ist selbst, ist die Kaiserin, sie selbst ist verantwortlich für ihre Gesundheit und ihren Körper.

Die Kaiserin verschwendet keine Mühe auf einen Mann, der ihr keine Freude bereitet

Eigentlich muss dieser Satz gar nicht erklärt werden. Die Welt ist voll mit Männern, die froh wären, einmal oder für länger an der Seite einer Kaiserin zu weilen. Warum sich quälen, warum sich bemühen um einen Mann, mit dem es gar keinen Spaß (mehr) macht. Warum so viel Zeit, Gedanken und Energie verschwenden auf jemanden, der es gar nicht wert ist, von einer Kaiserin geliebt zu werden.

Viele Frauen geben sich Mühe mit Männern, mit denen es schon lange keinen Spaß mehr macht. Es muss dabei gar nicht die Variante unsere Mütter oder Großmütter sein, die ihn bekochen, seine Wäsche waschen und bügeln, während er nur grummelt.

Es gibt immer noch viele »sehr moderne« Frauen, die einem Freund oder Liebhaber, der inzwischen schlechte Gewohnheiten angenommen hat, verständnisvoll begegnen. Sie glauben, wenn sie nur freundlich genug sind und ihm möglichst viele Wünsche erfüllen, wird er sich wieder in den ehemals fantasievollen Verehrer und Liebhaber verwandeln. Leider ist meist das Gegenteil der Fall. Offensichtlich handelt es sich bei dem Mann um ein Exemplar, dem der Jäger und Sammler noch in den Genen steckt. Ist die Beute einmal erlegt, wird sie ihm langweilig. Wenn er glaubt, etwas gehöre sowieso ihm, dann denkt er, er müsse sich keine Mühe mehr geben.

Wenn die Kaiserin dies erkannt hat, zieht sie daraus Konsequenzen. Sie verschwendet ab sofort keine Mühe mehr auf einen Mann, der ihr keine Freude bereitet. Die Kaiserin macht sich nichts vor, sie stellt sich der Wahrheit.

Die Kaiserin ist nicht Everybody's Darling

Gerade die junge Kaiserin hat vielleicht eine Zeit lang Freude daran, anderen Freude zu bereiten. Sie fühlt sich gut, wenn sie gebraucht wird. Sie hört der Freundin zu, wenn diese Liebeskummer hat, sie sucht den neuen Mantel mit aus, hilft bei den Schularbeiten, hört sich an, was die Freundin über die andere Freundin erzählt und umgekehrt. Es fühlt sich eine Zeit gut an, mit so vielen Menschen befreundet zu sein und immer da zu sein, wenn sie gebraucht wird. Ständig rufen Freundinnen an und wollen ihr Herz ausschütten. Sie hat das Gefühl, nicht allein zu sein. Dass die anderen dagegen ihre Sorgen nicht so gerne anhören, damit hat sie sich schon abgefunden.

Irgendwann merkt die junge Kaiserin aber, dass sie selbst gar nicht weiß, was sie eigentlich denkt, was sie fühlt, welcher Meinung sie eigentlich ist. Ist sie nun auf Sonjas oder auf Petras Seite? Und was ist ihre Seite?

Sie hat sich selbst verloren. Sie war viel zu beschäftigt, es allen recht zu machen, dass sie nun nicht mehr weiß, was sie selbst eigentlich will. Vielleicht fühlt sie sich erschöpft oder krank, oder sie mag sich selbst gar nicht leiden. Aber wenn sie darüber mit einer ihrer zahllosen »Freundinnen«

spricht, lachen diese nur und erzählen ihrerseits etwas von sich, und sie soll schon wieder zuhören.

Als Erstes muss sie nun aufhören, es allen recht zu machen. Sie muss akzeptieren, dass sie nicht mit allen gut befreundet sein kann, ohne eigenes Format zu verlieren. Vielleicht muss die Kaiserin sich für eine Zeit zurückziehen und nur für sich allein sein. Auch wenn es ihr schwer fällt, zu sehr hat sie sich an die ständige Gesellschaft der anderen gewöhnt. Der erste Schritt ist, ab sofort, nicht mehr Everybody's Darling zu sein und im Gegensatz dazu die eigenen Interessen zu verfolgen. Ab sofort hat die junge Kaiserin eine neue beste Freundin – und das ist sie selbst.

Die Kaiserin meidet falsche Freunde

Die Kaiserin umgibt sich mit Menschen, die ihr gut tun und mit denen es ihr Freude macht, zusammen zu sein. Die Kaiserin wendet ihre Aufmerksamkeit Menschen zu, die das auch zu schätzen wissen. Sie teilt ihr Wissen nur mit denen, die bereit sind, das zu hören, was sie sagen will.

Manchmal kommt es vor, dass andere Menschen die Kaiserin auf ein Podest stellen. Dies passiert umso leichter, je erfolgreicher die Kaiserin in der Welt der Erscheinungen ist. Sie umgeben sich gerne mit der Kaiserin, sie möchten sich selbst dadurch aufwerten, und eine Zeit lang merkt die Kaiserin nichts von den wahren Motiven. Zunächst scheinen die »neuen Freunde« sie tatsächlich zu unterstützen. Gut ist es in so einer Situation, die Motive zu hinterfragen. Vielleicht stellt sich heraus, dass die so genannten Freunde gar nicht mit der Kaiserin um ihrer selbst zusammen sind. Vielleicht sind sie auch nicht daran interessiert, am gemeinsamen und übergeordneten Projekt zu arbeiten. Vielleicht sind sie nur mit der Kaiserin zusammen, weil sie sich eigene persönliche Vorteile davon versprechen. Sie möchten etwas von dem kaiserlichen Glanz abhaben.

Aber sobald die Kaiserin zweifelt oder menschliche Schwäche zeigt, merken sie auf. Ein wenig angekratzter Lack an dem Bild, das sie von der Kaiserin aufgebaut haben, reicht aus, und die falschen Freunde werfen die Kaiserin vom Sockel, auf den sie sie selbst gestellt haben.

Echte Freunde werden die Kaiserin nie auf einen Sockel stellen, sie werden sie auch nicht besonders bewundern für Erfolge. Sie werden die Erfolge vielleicht registrieren, sich mit der Kaiserin freuen, aber ansonsten beibehalten, das zu sagen, was sie sonst auch gesagt hätten. Zweifel oder menschliche Schwächen, in ihrer Gegenwart ausgesprochen, haben ganz andere Folgen. Echte Freunde werden die Kaiserin ermutigen, sie erinnern, was sie eigentlich wollte. Ein echter Freund, zu dem die Kaiserin in einem schwachen Moment sagt, ach, das Bild wird nie fertig, ich bin eine miserable Malerin, der wird sagen, wir beide wissen ganz genau, das das Bild fertig werden wird, und es gibt noch viel schlechtere Maler und die haben immerhin sogar Preise gewonnen und sind steinreich geworden. Außerdem wissen wir beide, dass du eine gute Malerin bist.

Die Kaiserin ist listig und genießt den Kampf

Der beste Kampf ist der, der nicht stattfindet, oder wie Sun-zi sagt, die größte Leistung besteht darin, den Widerstand des Feindes ohne einen Kampf zu brechen.

Und er sagt auch: Kämpfe nicht, wenn es nicht kritisch ist, kein General sollte aus Verärgerung eine Schlacht beginnen. Ein Königreich, das einmal zerstört wurde, kann nie wieder errichtet werden. Die Kaiserin beherrscht die Kunst der List.

Für viele Frauen gehört schon sehr viel Mut dazu, einmal die Rolle der Bösen zu spielen.

Viele haben eine Idealvorstellung, die verhindert, dass sie ihre eigenen Interessen wahrnehmen. Sie wollen gut und verständnisvoll oder vielleicht sogar ein Lichtwesen sein. Daher dürfen sie nicht böse, wütend, rachsüchtig oder gar hinterlistig sein. So leiden sie denn lieber. Und sie geben sich freundlich, wo ein hartes Wort wie ein Schwertschlag oder wie der Prankenhieb eines Bären nötig wäre. Sie glauben vielleicht sogar, das Problem ließe sich mit Meditation, Geduld und Engelsbefragungen lösen. Das Schlimmste aber wäre für diese Frauen, die Böse zu sein. Sie glauben, wer besonders freundlich und hilfsbereit ist und zu allem lächelnd freundlich ja sagt, ganz besonders viele Freunde hat und viel erreicht.

Die Kaiserin macht sich nichts vor. Die Kaiserin geht auch keiner Erfahrung aus dem Weg.

Wenn die Kaiserin also wirklich kämpfen muss, um ihre eigenen Interessen zu wahren, dann tut sie es. Gut überlegt und erfolgreich. Sie schlägt nicht wild um sich, sie redet nicht von Rache, sie wirbelt keinen Staub auf (es sei denn, sie hat sich genau das gut überlegt). Sie plant in Ruhe, welche Schritte nötig sind – und handelt. Sie handelt aus der Ruhe und Kraft, nicht aus vorübergehenden Gefühlen heraus.

Die Kaiserin handelt. In solchen Situationen kann die Strategie, die Kaiserin ist erbarmungslos, und die Kaiserin ist nicht Everybody's Darling – die Kaiserin ist listig und genießt den Kampf – unterstützen.

Warum soll die Kaiserin es den anderen so einfach machen, warum nicht die Erfahrung des Kampfes machen, warum nicht listig sein, warum gerade diesem Spiel aus dem Weg gehen?

Große und kleine Kaiserinnen erkennen und respektieren einander

Eine echte Kaiserin wird andere Kaiserinnen immer achten und respektieren. Eine große Kaiserin wird kleine Kaiserinnen unterstützen und fördern. Kaiserinnen erkennen einander. Sie spüren den Wunsch der Freiheit, spüren das Handeln der anderen, das von innen kommt. Erkennen das Ausgerichtetsein an größeren Zielen, den Respekt für alles, was lebendig ist, die Großzügigkeit und die Weite des geistigen Horizontes, die sich unabhängig von Bildung und Titeln zeigt. Kaiserinnen bereichern sich nicht an anderen. Sie haben keine Freude daran, andere zu unterdrücken. Kaiserinnen leben selbstbestimmt und halten das selbstbestimmte Handeln auch bei anderen für so selbstverständlich, dass sie es niemals einschränken würden.

Die große Kaiserin fördert das eigenständige Handeln von der kleinen Kaiserin, auch wenn die kleine Kaiserin erst drei Jahre alt ist. Die Kaiserin weiß, nur was sich ungestört von äußeren Einflüssen entwickeln kann, wird groß und widerstandsfähig und wächst zu seiner vollen Größe, Schönheit und Fähigkeit heran. Egal, ob es ein Kind oder eine Pflanze ist.

Die Kaiserin bevorzugt jüngere Liebhaber

Jüngere Liebhaber sind belebend, sie sehen schön und ästhetisch aus. Jüngere Liebhaber planen nicht gleich die ganze Zukunft. Sie haben noch Visionen und neue Ideen. Sie können noch staunen und wissen nicht schon alles vermeintlich vorher und besser.

Viele Frauen begnügen sich mit älteren Männern. Sie wollen, so heißt es, Sicherheit für sich und ihre Kinder. Wissenschaftlern ist es inzwischen sogar gelungen, diesen patriarchalisch geprägten Sozialisationsfaktor als genetisch bedingt zu behaupten. Die jungen Frauen würden aus biologischen Gründen, so heißt es, einen älteren Mann bevorzugen, weil er Sicherheit für sie und die Kinder bedeute.

Die Kaiserin ist sich selbst die beste Sicherheit. Sie macht sich nicht von einem Mann abhängig, und sie verkauft sich nicht für eine angebliche Sicherheit. Die Kaiserin bleibt frei und selbstbestimmt.

Jüngere Liebhaber erweisen sich als beglückend, weil sie noch unendlich viel Energie und fast jederzeit Lust haben. Jüngere Liebhaber haben eine belebende und verjüngende Wirkung. Junge Liebhaber sind reich an Essenz und wirken daher lebensverlängernd.

Jüngere Liebhaber kommen gar nicht erst auf die Idee, die Kaiserin mit Rollen zu belegen, die ihre Freiheit und Unabhängigkeit einschränken würden. Sie erwarten keine aufgeräumte Wohnung, sie müssen nicht abends um zehn schlafen gehen, um am nächsten Tag fit in ihrem Beruf zu sein. Jüngere Liebhaber sind auch nach Mitternacht noch aktiv.

Achtung: Nicht immer ist das Lebensalter ausschlaggebend. Es gibt zwanzigjährige Greise und neunzigjährige Jünglinge.

Die Kaiserin lässt sich nicht erobern

Herzen werden im Sturm erobert, heißt es. Was aber bedeutet diese Sprache aus dem Militär für die Herzensangelegenheiten?

Wenn eine Stadt erobert wurde, herrschten dort die Eroberer, sie ließen sich bedienen und gingen ganz selbstverständlich davon aus, dass alles ihnen gehören würde. Wenn alle Vorräte aufgebraucht waren, zogen die Eroberer weiter, und die Stadt blieb geplündert zurück.

Immer noch lassen Frauen sich erobern. Immer noch gehen vor allem Frauen aus beendeten Beziehungen nicht nur mit einem emotionalen, sondern auch finanziellem Minus heraus. Eine häufige Geschichte: Die Frau hat die ganze Zeit die Miete bezahlt, das Essen eingekauft und ihn mit durchgefüttert, während er sich nebenbei von seinem Einkommen ein kleines Vermögen beiseite legte.

Die Kaiserin bleibt Herrscherin in ihrem Reich. Die Kaiserin überlässt die Bestimmung über ihr Leben nicht einem Mann. Ihr Reich verbleibt in ihren Händen. Dazu gehört nicht nur ihr Sparbuch, ihr Girokonto, ihre Kreditkarte sowie die Eurochequekarte samt Geheimzahl, auch der Wohnungsschlüssel verbleibt bei ihr. Ihre Wohnungseinrichtung wird auch nicht nach seinen Vorstellungen umgestellt, Freundschaften werden nicht gekündigt, weil er ihren Freundeskreis nicht mag. Auch ihre Hobbys gibt sie nicht auf. Die Kaiserin lässt sich nicht erobern, sie beherrscht ihr Reich und ihr Leben und sonst kein anderer Mensch.

Zehntausend Dinge

Das Benannte ist die Mutter der zehntausend Dinge.
LAOSTE

Die Kaiserin bereut nur die Dummheiten, die sie versäumt hat

Wie kannst du nur solche Dummheiten machen? Das fragen nur neidische und fantasielose Menschen. Vielleicht möchten sie in Wahrheit auch gerne ein paar Dummheiten begehen, trauen sich aber nicht.

Ob etwas wirklich eine Dummheit ist, stellt sich sowieso erst später heraus. Und wenn schon? Was ist schlimm daran, eine Windbeutelfirma gegründet zu haben und sie wieder zu schließen, ohne ein einziges Sahnetörtchen verkauft zu haben? Was ist schlimm daran, sich von einem Mann betören zu lassen und einige wunderbare Tage und Nächte mit ihm zu verbringen, bis sich herausstellt, dass er verheiratet ist, eine Geliebte im Nachbarort hat und fünf Kinder mit fünf unterschiedlichen Frauen gezeugt hat? Was ist schlimm daran, einen Ausflug zu machen und die neuen hochhackigen Stiefel anzuziehen, die so rasant aussehen, einen Absatz abzubrechen, Blasen an den Füßen zu haben und sich vom begleitenden Geliebten vom Bahnhof nach Hause tragen zu lassen? Was ist letztendlich tragisch daran, an einem Gartenwettbewerb des Schrebervereins teilzunehmen und dann noch zu gewinnen und zusammen mit drei scheußlichen Gartenzwergen auf der ersten Seite des wöchentlich erscheinenden Käseblattes abgebildet zu werden, das 50 000 Haushalte in ihrem Briefkasten finden? All diese so genannten Dummheiten machen die Würze des Lebens aus. Wie langweilig, wie steril wäre das Leben ohne Dummheiten.

Es wird Zeit, mal wieder eine Dummheit zu begehen.

Die Kaiserin macht mal wieder ein paar Dummheiten!

Die Kaiserin hütet sich vor den Unedlen

Ob ein Mensch edel oder unedel ist, hat nichts mit akademischen Abschlüssen, nichts mit Geld, teurer Kleidung oder Adelstiteln zu tun. Unedle sind immer auf ihren Profit aus, sie bereichern sich an anderen, ziehen ihre Genugtuung daraus, dass sie besser als andere sind, und würden, hätten sie die Chance dazu, sich immer selbst das größte Stück zuteilen. Sie sind geschwätzig und reden meist von sich selbst.

Wenn edle Menschen zusammenarbeiten, tun sie dies wegen des gemeinsamen Weges. Sie haben Ideale, Visionen, oft auch die idealistische Vorstellung, die Welt ein wenig besser zu machen. Ihr Antrieb, etwas zu tun, ist das Dao.

Unedle schauen zuerst auf den Profit. Die Unedlen sind in der Überzahl. Zu ihrem Schutz brauchen sie Verträge, die sie dennoch zu hintergehen trachten. Da Unedle immer ihren eigenen Vorteil im Auge haben, werden sie die Kaiserin, wenn sich diese mit ihnen einlässt, versuchen auszusaugen. Solange die Kaiserin stark ist und klar sieht, können ihr die Unedlen nichts anhaben. Wenn sie aber einmal geschwächt ist, werden die Unedlen sofort ihren Vorteil daraus ziehen. Darum ist es wichtig, rechtzeitig zu erkennen, ob die Kaiserin es mit Edlen oder Unedlen zu tun hat. So sollte die Kaiserin den Unedlen keine Sorgen, keine Nöte und keine Geheimnisse und erst recht keine Visionen mitteilen. Ebenso sollte sie den Unedlen keine Dinge übergeben, die ihr am Herzen liegen. Um Schaden abzuwenden, meidet die Kaiserin in allen wichtigen Angelegenheiten die Unedlen. Mit den wenigen edlen Menschen aber teilt sie ohne Zögern ihre Sorgen, Nöte und Träume, natürlich nicht zu vergessen die köstlichsten Speisen. Edle unterstützen einander.

Die Kaiserin genießt ihre Sexualität

Die Kaiserin genießt alles, was es zu genießen gibt. Ihre Sexualität ist für sie eine beglückende Spielwiese. Sie lebt ihre Fantasien und beschränkt sich nicht, egal ob es sie nun zu jüngeren oder älteren Männern zieht oder ob sie von Frauen angezogen ist oder vielleicht von Frauen und Männern. Die Kaiserin folgt der Energie. Sie beobachtet, was ihr Freude macht, was sie anzieht, welche Dessous sie mag. Sie kauft sich prachtvolle Unterwäsche, in der sie sich sehr erotisch und als Kaiserin fühlt. Sie sagt, was ihr Freude macht und was ihr keine Freude macht. Sie lehnt das ab, was ihr keine Freude und kein Vergnügen bereitet. Überhaupt lehnt sie es ab, in ihrer Sexualität Verpflichtungen einzugehen oder zu erfüllen. In ihrer Sexualität geht es der Kaiserin wie in allen anderen Lebensbereichen: ihre Freude, ihr Genuss, ihre Vergnügen sind ihre Leitlinie. Sie macht das, was ihr Freude macht, und das, wozu sie Lust hat. Fremde Fantasien lebt sie nicht aus. Sie ist keine Auf- oder Abladestation, kein Massagesalon, keine Adresse für kostenlosen Sex nach seinen Vorstellungen, in denen sie sich benutzt und unlebendig fühlt. Wenn sie allerlei Spielzeuge ausprobieren möchte, dann tut sie das. Sein Spielzeug dagegen ist sie nicht, es sei denn, das ist genau das, was sie mag.

Die Kaiserin weiß, wirklich beglückende Sexualität gelingt, wenn Himmel und Erde sich vereinigen, wenn Körper, Geist und Seele beteiligt sind oder wenn die Kraft und Lust der Nieren mit der Freude des Herzens zusammenkommen.

Die Kaiserin hält sich nicht an Konventionen

Sie legt das Telefon auf, wenn sie das Gespräch nicht mag. Sie beantwortet die Fragen nicht, die sie nicht beantworten will. Sie hört den Menschen nicht zu, denen sie nicht zuhören mag. Die Kaiserin nimmt Geschenke nicht an, die sie nicht haben will. Sie bedankt sich nicht, wenn sie nicht dankbar ist. Sie sagt nicht, dass das Essen gut war, wenn es nicht gut war. Sie sagt nicht Ja, wenn sie Nein meint. Die Kaiserin sagt nicht, sie verzeiht, wenn sie nicht verzeiht. Die Kaiserin akzeptiert den ihr zugewiesenen Platz nicht, wenn er ihr nicht gefällt.

Die Kaiserin entscheidet selbst, was sie für richtig hält und was für falsch. Sie entscheidet ihr Handeln immer nach ihren eigenen Vorstellungen und Wünschen. Sie läuft nicht der Masse hinterher, richtet sich nicht nach überholten Regeln, die irgendwer aufgestellt hat. Sie stellt ihre eigenen Regeln auf. Konventionen sind nur aufgestellt worden, um eine Vorherrschaft bestimmter Gruppen zu bewahren. An Konventionen halten sich Menschen, die keine Überraschungen erleben wollen. Konventionen halten andere Menschen in Grenzen und in Schach. Von Konventionen profitieren meist die, die sie aufgestellt haben. Es macht Spaß, Konventionen zu brechen.

Wenn von der Kaiserin erwartet wird, dass sie zu der langweiligen Familienfeier kommt, sie aber gar keine Lust hat, tut sie es nicht. Sie geht auch nicht zum x-ten Mal auf das langweilige Geschäftsessen, die schreckliche Weihnachtsfeier. Sie vertrödelt ihre Zeit nicht mit Menschen und Dingen, die sie langweilen und deren Gegenwart sie nicht ertragen kann. Vielleicht hat sie stattdessen Lust, mit den Kindern der Nachbarn ins Kino zu gehen oder Straßentheater zu machen oder Drachen steigen zu lassen, was auch immer, sie tut das, woran sie Freude hat, und nur das.

Die Kaiserin liebt das Leben

Das Leben ist lebensgefährlich, überraschend, voller Neuigkeiten und Möglichkeiten. Jeder Lebens-Moment beinhaltet diverse Wandlungsmöglichkeiten. Das Lebendige ist immer da, auf dem kleinsten Spaziergang, beim Blick aus dem Fenster, auf dem Kompost. Wer offen ist und nicht von vorneherein festgelegt, wird Überraschungen erleben.

Wo nichts festgelegt ist, kann erlebt werden, dass der nächste Moment völlig anders sein kann als der jetztige.

In einer Absicherungsgesellschaft wie der unsrigen braucht es ein bisschen Mut, sich dem Lebendigen zu überlassen und nicht auf Angst machende Einflüsterungen zu hören.

Wenn die Kaiserin auf einen Pauschalurlaub verzichtet und lieber auf eigene Faust loszieht, weiß sie vorher nicht, was sie erwartet. Sie wird überraschend Schönes vorfinden, vielleicht aber auch den letzten Bus verpassen und mitten in der Wildnis plötzlich allein stehen. Vielleicht wird es kalt, und die Wölfe heulen in der Nähe. Vielleicht kommt auch überraschend jemand vorbei …

Die Kaiserin lässt sich vom Strom des Lebens mittragen. Die Kaiserin riskiert immer wieder etwas völlig Neues. Sie wählt das Unbekannte, lässt Momente der Überraschung und Unsicherheit zu.

Die Kaiserin liebt es zu leben, sie will alles erfahren, alle Seiten kennen lernen, sie will sich überraschen lassen, will nicht heute schon wissen, was morgen ist, will nicht heute schon entscheiden und festlegen, wie sie in zwanzig Jahren leben wird. Sie will sich nicht jetzt schon die Rente ausrechnen lassen, sie lebt jetzt, und zwar aus vollen Zügen. Sie will alles schmecken, alles riechen, alles tasten und alles tanzen, sie will alles fühlen, die Freude, die Liebe, den Schmerz, die Trauer und die Wut. Sie will verstehen und verwirrt sein. Sie will lachen und sie will weinen, sie will lieben, und sie will hassen. Die Kaiserin lässt nichts aus, und sie grenzt niemanden aus. Sie weiß, das Leben ist ein wunderbares Geschenk.

Die Kaiserin jammert nicht

Oh, wie geht es mir schlecht, ach, was ist die Welt schlimm, wie ungerecht doch das Leben ist, wie gemein sind doch… und immer trifft es mich!

Man kann sich richtig hineinsteigern ins Jammern, einen gewissen Geschmack am Jammern entwickeln, immer neue Jammerlieder erfinden und Jammergeschichten hinzudichten. Man kann sich mit anderen zusammentun und gemeinsam jammern. Man kann sich verabreden, zuvor vereinbaren, hörst du mein Gejammer, hör ich dein Gejammer an. Man kann sogar richtig jammersüchtig werden und sich so an das Jammern gewöhnen, dass man gar keinen Grund mehr hat, den Anlass für das Jammern abzustellen. Vielleicht schmeckt das Jammern dann richtig gut. Ach, wie schön, eine Runde jammern! Hat man vorübergehend keinen Grund mehr zum Jammern, auch das soll vorkommen, dann schafft man sich schnell einen neuen Grund, denn die Welt ist ja so schlecht und ein einziges Jammertal, da findet sich immer Material für eine Jammerarie.

Das Jammern wird endlos und zum Selbstzweck und gibt eine neue Identität, die der unter der Welt leidenden Jammerpersönlichkeit.

Endloses Jammern ist eine Möglichkeit, nicht zu akzeptieren, was gerade ist. Man stürzt sich ins Jammern, statt sich wirklich mit der Realität auseinander zu setzen.

So schön das Jammern vorübergehend sein mag: Tatsächlich macht Jammern auf Dauer alles nur schlimmer.

Jammern verbraucht kostbare Energie, die benötigt wird, um den Anlass für das Jammern abzustellen. Daher jammert die Kaiserin nicht. Die Kaiserin handelt. Sie tut, was getan werden muss. Und wenn sie abwarten muss, dann wartet sie ab. Sie vergeudet ihre Zeit und Energie nicht mit Jammern, sie hört sich auch kein Gejammer an. Die Kaiserin jammert nicht.

Die Kaiserin ist schamlos

»Schämst du dich gar nicht, so herumzulaufen? So egoistisch zu sein, dich selbst so in den Mittelpunkt zu stellen, so dazusitzen?«

Der Vorwurf der Schamlosigkeit ist in der Vergangenheit oft benutzt worden, um die Lebendigkeit von Mädchen und Frauen zu beschneiden und in patriarchalische Grenzen zu verweisen und sie klein und unlebendig zu halten. Männer müssen den Vorwurf der Schamlosigkeit nie hören. Ihnen wird zugestanden, ihre eigenen Wünsche, insbesondere die sexuellen, zu äußern und auszuleben. Nie musste ein Mann, egal wie viele Frauen er innerhalb kürzester Zeit beglückte, sich den Vorwurf der Schamlosigkeit anhören. Er war schon ein toller Hecht oder höchstens ein Schürzenjäger. Titel, die einen gewissen Respekt beinhalten. Eine Frau mit ähnlichem Hobby wird als Schlampe, Hure, Flittchen und als schamlos abgeurteilt. Die Kaiserin ist schamlos. Sie lebt das, was in ihr ist, sei es, mit Genuss große Tortenstücke oder hübsche Männer zu vernaschen, im Petticoat durch Ammenbek zu laufen, oder was auch immer ihr Freude bereitet und was sie für richtig erachtet. Entscheidend ist bei allen Schamlosigkeiten, dass die Kaiserin diese selbst bestimmt. Ihre eigene Lust, ihre Freude und ihr Vergnügen sind ihr die Leitschiene. Sie selbst bestimmt und lotet ihre Grenzen aus.

Die Kaiserin ist schamlos. Die Kaiserin schreibt diesen Satz in ganz groß und hängt ihn sich über ihr Bett. Sie schreibt ihn in ganz klein und legt sich den Satz in ihren BH. Die Kaiserin macht ihre eigenen Experimente. Sie beobachtet sich und andere, wenn sie ihn innerlich denkt. Die Kaiserin ist schamlos. Achtung: Nicht alle Orte eignen sich, um öffentlich schamlos aufzutreten, die Kaiserin beachtet Sitten und Gebräuche, um nicht gesteinigt zu werden.

Die Kaiserin beherrscht ihr eigenes Reich

Das Reich einer Kaiserin wird klein oder groß sein. Sie hat eine eigene Firma mit sieben Filialen und 50 Angestellten oder einen kleinen Versandhandel mit einer Aushilfskraft. Sie wohnt in einer winzigen Zweizimmerwohnung, sie hat nur ein einziges Zimmer, oder sie bewohnt ein ganzes Schloss. Sie hat viel freie Zeit oder nur eine Stunde am Tag. Die Kaiserin weiß genau, wie groß ihr Reich ist. Dort bestimmt sie und sonst keiner. Sie ist die Kaiserin, unabhängig davon, wie klein oder wie groß ihr eigenes Reich ist.

Die Kaiserin richtet sich ihr Reich so ein, wie es ihr gefällt und sie es haben möchte, nicht wie andere es ihr unaufgefordert mitteilen. Sie weiß, was ihre Angelegenheiten sind, und was die Angelegenheiten der anderen. Deutlich und bestimmt weist sie andere in ihre Grenzen. In ihrem Reich bestimmt sie. Nur sie. So wird ihr Reich, auch wenn es (vielleicht zunächst) noch klein ist, zu einer Oase der Ruhe und Kraft, wird zu einem Platz, an dem sie sich auftanken kann.

»Große Taten müssen durch kleine Schritte erreicht werden«, sagte Laotse. So achtet die Kaiserin auf die Details. Scheußliche Gemälde der Verwandtschaft, die angeblich sehr wertvoll sein sollen, ihr aber gar nicht gefallen, entfernt sie. Ebenso wie die Couch des Verflossenen, die dieser vergessen hat mitzunehmen. Allmählich wird so ihr Reich immer stärker, energiegeladener und schöner. Eine gute Basis, von der sie aus Weiteres planen und sich von erfolgreichen »Schlachten« erholen und auftanken kann.

Wenn sich ein Mann in ihrem Reich breit gemacht hat, in Gedanken oder in der Realität, und die Phase der Freude vorbei ist und sich die Phase des Leidens und der Abhängigkeit eingestellt hat, hilft sie sich mit dem Elixier No 1 und anschließend mit No 2.

Die Kaiserin lässt sich nicht abspeisen

Minderwertige Industrienahrung mit Farbstoffen und Konservierungsmitteln, schnell mal eben zwischendurch, signalisiert, alles andere ist wichtig, ich aber nicht und mein Körper schon gar nicht. Als Baby gibt es Fertigmilch und Gläschenkost, als Erwachsener Tiefkühlpizza und Fertiggerichte mit Geschmacksverstärkern, Farbstoffen und Konservierungsmitteln. All dies ist weit entfernt von dem, was Nahrung eigentlich ist: der Natur nahe, frisch vom Baum, direkt aus dem Garten, frisch vom Kutter. Mit dem Duft frischer Äpfel, frischer Erdbeeren, die Wurzeln noch mit schwarzer Erde gegessen. Nahrung, die die Sinne anspricht, die lebendig ist und frisch, macht Leib und Seele gesund und den Menschen glücklich.

Geschickten Werbestrategen ist es gelungen, an Stelle frischer gesunder Nahrung minderwertige Industrieprodukte zu verkaufen. Bunte raschelnde Verpackungen täuschen über den eigentlich unappetitlichen und minderwertigen Inhalt hinweg. Ohne aufwändige Verpackung würden viele Fertiggerichte und diverse Tütensuppen nicht gekauft werden. Frisches Gemüse, Obst und frischer Fisch dagegen brauchen keine hochwertigen Verpackungen, um gekauft zu werden. Sie zeigen sich, wie sie sind. Gesunde Nahrung spricht alle Sinne an, und es macht Freude, damit zu hantieren.

Die Kaiserin bevorzugt gute, hochwertige Nahrungsmittel, die so naturnah wie möglich sind. Frische Speisen zieht sie immer Fertiggerichten vor. Eine Kaiserin füttert ihre Kinder auch nicht mit fertigem Babybrei oder so genannter Juniornahrung ab. Sie weiß, was sie sich zufügt, wird zu einem Teil von ihr, ob es Nahrung, Filme oder Gespräche sind. Die Kaiserin wählt von all dem nur das Beste. Weniger ist dabei mehr. Je mehr sie sich gute Qualität gönnt, desto mehr gewinnt sie – an Gesundheit, Geschmack, Ausstrahlung und Fähigkeiten.

Die Kaiserin lässt sich keine minderwertige Kost vorsetzen, weder als Speise, als Buch oder als Film. Sie wählt das, was ihr entspricht, und das ist von allem stets nur das Beste.

Die Kaiserin ist eine Kaiserin, und sie bevorzugt das Besondere, das Frische und immer erste Qualität. Sie isst das, worauf sie Appetit und Lust hat, und nicht das, was durch geschickte Werbemanipulationen zum Trend erhoben wurde. Sie lässt ihre Sinne auf Märkten und in Gärten inspirieren, betritt Markthallen besonders auch in anderen Ländern, und sie lässt sich leiten von dem, was ihre Nase, ihre Augen ihr als Lebens-Mittel zeigen.

Wenn sie einmal das Echte gekostet hat, mag sie sich gar nicht mehr mit schlechter Qualität abgeben.

Die Kaiserin schweigt

So viele Fragen werden gestellt, neugierige Fragen, distanzlose Fragen, wiederholte Fragen. Fragen, die schon beantwortet wurden. Fragen, die nur dazu dienen, den Kontakt aufrecht zu erhalten. Fragen, die provozieren sollen, die aus der Reserve locken sollen. Fragen, die nur gestellt wurden, weil die erste Antwort nicht akzeptiert wurde.

Die Kaiserin schweigt.

So viele Gespräche werden geführt, die schon lange geführt wurden. Gespräche, die sich wiederholen und wiederholen.

Die Kaiserin schweigt.

Viele sinnlose Erklärungen werden abgegeben. Sätze, die keiner hören will, Sätze in denen nur nach Widersprüchen gesucht wird.

Sinnloses Reden verbraucht sinnlos Energie.

Die Kaiserin schweigt.

So viele Worte zerstören: kindliche Kunstwerke, wunderbare Sonnenuntergänge, morgendliche Stunden voller Traumfetzen in den Haaren und in den Ohren, einsame Spaziergänge, Zugreisen, Kinobesuche, wunderbare Speisen und Gerichte.

Die Kaiserin schweigt.

So viele Worte verraten und schwächen: persönliche Pläne, geheime Wünsche, unausgesprochene Vereinbarungen.

Die Kaiserin schweigt.

In der Stille des Schweigens wächst die Kraft. In der Stille des Schweigens ist alles enthalten, was nötig ist.

Die Stille ist voll mit allem.

Darum: Die Kaiserin schweigt.

Mehr Worte sagen weniger
LAOTSE

Dao

Der Weg, der mitgeteilt werden kann, ist nicht der ewige Weg.
LAOTSE

Kaiserin umgibt sich mit edlen Menschen und edlen Dingen

Wer sich unter Barbaren aufhält, wird sich bald als Barbar fühlen, wird wie ein Barbar sprechen und ebenso essen. Wer billige und schlechte Bücher und ebensolche Zeitschriften liest, verdummt. Und wer ständig mit dummen Menschen zusammen ist, verliert seine klugen Gedanken. Die Umgebung hat einen starken Einfluss auf den Menschen. Die Kaiserin macht sich nichts vor.

Die Kaiserin wählt sorgsam aus, womit sie sich umgibt. Sie wählt edle Menschen zur Gesellschaft aus. Lebende und Unsterbliche, deren Gegenwart sie in Form von Musik, Kunst und Büchern genießt. Die Kaiserin umgibt sich ebenso mit edlen Dingen. Dabei wählt sie individuell Hergestelltes. Klasse statt Masse. Sie hängt lieber selbst gemalte Bilder auf als Massenware. Die Kaiserin gönnt sich wenige edle Stücke, und sie trifft die wenigen edlen Freunde und Menschen, die ihr etwas sagen – die, mit denen sie nur Zeit totschlagen kann, die meidet sie. Die Kaiserin macht sich nichts vor. Sie weiß alle Ausgaben für Bildung, Kunst, Musik und Reisen sind kaiserliche Investitionen. Ebenso alles, was ihrer Horizonterweiterung dient.

Je mehr sie sich mit edlen Dingen beschäftigt, desto mehr wird dies ein Teil von ihr werden, desto edler und besser wird sie sich fühlen.

Woran erkennt die Kaiserin edle Dinge und edle Menschen?

Nach dem Schauen eines guten Films wird die Kaiserin sich inspiriert und beglückt fühlen, vielleicht tritt sie nach außen und sieht plötzlich alles in ganz anderem Licht. Oder sie hat eine Ausstellung besucht, und plötzlich sieht sie den

Frisörladen als Rauminstallation. Wenn sie merkt, wie sie plötzlich nach Hause tanzt, etwas ist verändert, etwas hat sich gelöst, ist etwas weiter als vorher, ist etwas leichter.

Wenn sie sich dagegen nach einem Buch schlecht fühlt, nach dem Besuch der Freundin immer ausgelaugt, sie nach den Verwandtenbesuchen erst einmal die Weinflasche öffnen muss oder wenn sie immer schlechte Laune hat – dann hat sie sich gerade etwas angetan, was sie weder stärkt noch bereichert noch inspiriert.

Wenn die Kaiserin das erkannt hat, zieht sie daraus ihre Konsequenzen. Sie umgibt sich mit edlen Menschen und edlen Dingen, denn sie ist eine Kaiserin.

Der Weg ist verborgen und namenlos.
LAOZI

Die Kaiserin geht weiter

Die Kaiserin geht weiter, als andere es von ihr erwarten. Sie selbst bestimmt, wo und wann eine Reise, eine Aussprache, ein Weg oder was immer zu Ende ist. Sie respektiert nur die Grenzen, die ihr angemessen sind. Dabei spürt sie ganz genau, was ihre eigenen moralischen Grenzen sind. Sie ist aufmerksam. Dies ist nicht die neugierige, Erfolg versprechende, Wenn-du-etwas-erreichen-willst-musst-du-rücksichts-loser-frecher-und-aufdringlicher-als-die anderen-sein-Methode.

Die Kaiserin geht weiter. Sie bleibt nicht stehen und richtet sich nicht bequem auf das Erreichte ein. Jahrelang kann man von der großen Reise, dem endlich erfolgten Aufstieg berichten. Immer wieder. Nicht so die Kaiserin.

Sie kennt den Satz von Laozi, der da heißt: Was voll ist, wird leer werden, was leer ist, wird voll werden.

Wenn etwas fertig ist, wendet sie sich dem Nächsten zu.

Sie verschwendet ihre Zeit und Energie nicht damit, die immer gleichen Gespräche zu führen, dieselben Urlaubsorte aufzusuchen, dieselben Silvesterrituale zu praktizieren, die Kaiserin geht weiter und schaut, was sie sonst noch alles erwartet.

Die Kaiserin beginnt etwas Neues, wenn das Alte fertig ist. Sie bleibt nicht stehen.

»Das kann doch nicht alles gewesen sein«, klingt das wehmütige und melancholische Lied. Die Kaiserin wird das nicht singen müssen. Warum soll sie mit 20 oder mit 70 nicht nach Island oder Grönland reisen statt in die Toskana wie alle anderen. Warum nicht ganz allein. Warum nicht mit 60 Salsa lernen. Was einmal toll war, wird das nächste Mal eine Enttäuschung werden, wenn wir erwarten, dass es genauso wird. Am ersten Abend ist es romantisch, wenn der neue Liebhaber brennende Kerzen ums Bett verteilt. Das zweite Mal geht noch. Spätestens beim fünften Mal kann eine Kaiserin nur noch wegrennen.

Die Kaiserin geht auf Reisen, sie hält nicht fest.

Ohne Verweilen, kein Verlieren.
LAOTSE

Die Kaiserin verbringt ihre Zeit nicht mit dummen und langweiligen Menschen

Vielleicht hat es etwas mit der Sicherheit zu tun, in diesem Sumpf der Langeweile genau zu wissen, was heute passiert und was morgen. Die Gespräche sind immer die gleichen, die Späße wiederholen sich, und neue Erkenntnisse gibt es auch nicht. Vielleicht wird noch Wein gereicht oder Bier, ohne Alkohol ließe es sich gar nicht ertragen. Die Kaiserin geht jedes Mal gelangweilt nach Hause.

Wie anders ließe sich die Zeit verbringen. Vielleicht hat sie Angst, allein zu sein. Vielleicht hat sie keine anderen Freunde. Vielleicht würde sie, wenn sie sich der Wahrheit stellte, ganz allein dastehen. Die Kaiserin stellt sich der Wahrheit. Sie verbringt ihre Zeit lieber allein als mit langweiligen und dummen Menschen. Sie kann etwas dazulernen, sie kann neue Menschen kennen lernen, die ähnliche Interessen haben wie sie. Die Kaiserin hat viele Chancen. Sie muss nur die eigene Trägheit überwinden. Die Zeit, die ihr auf der Erde gegeben ist, ist kostbar. Viel zu schade, um sie in geistiger Umnachtung oder vor dem Fernseher zu verbringen.

Wenn sie den Schritt weg von den langweiligen Bekannten, den Schritt weg von dem einschläfernden Fernsehprogramm einmal getan hat, wird sie vielleicht eine Zeit lang mit sich selbst allein, mit sich selbst konfrontiert sein. Schmerzlich wird sie feststellen, dass ihre angeblichen Freunde gar keine Freunde waren. Sie wird sich vielleicht vorübergehend einsam fühlen. Aber dies ist wenigstens ihre eigene Einsamkeit und immer noch besser als die Gesellschaft von Menschen, die der Kaiserin gar keine Freude machen. Je mehr die Kaiserin sich mit Dingen beschäftigt, die ihr am Herzen liegen, desto mehr lernt sie dazu, desto mehr wird sie auch Menschen anziehen, die ihr Freude machen und deren Gesellschaft ihr entspricht.

Die Kaiserin tritt kaiserlich auf

Sie selbst weiß, dass sie eine Kaiserin ist. Sie möchte mit Respekt und Achtsamkeit behandelt werden. Die Kaiserin macht sich keine Illusionen darüber, dass sie überall gut behandelt wird, egal wie sie auftritt und welche Kleidung sie trägt.

In der Welt der Äußerlichkeiten und Eitelkeiten in einer Zeit, wo Geld der größte Götze ist, schließen die meisten Menschen sofort von der Kleidung auf den finanziellen Status und die Gruppenzugehörigkeit und entscheiden danach, ob sie freundlich oder unfreundlich sind. Ob diese Person Erfolg oder Misserfolg haben wird. Es muss der Kaiserin in einfacher Kleidung gar nicht so ergehen wie den italienischen Studenten, die in Paris nicht in die exklusiven Geschäfte hineingelassen wurden. Auch die misstrauischen Blicke der Verkäuferin, die sich dann »zufällig« immer in der Nähe aufhält, aus Angst, sie könnten etwas stehlen, sind keine stärkenden und erquicklichen Erlebnisse. Die Botschaft, die hier verstanden wird, ist immer: Ich kleide mich auf diese Weise, also behandelt mich entsprechend meiner Kleidung.

Die Kaiserin durchschaut diese Muster, darum verlässt sie ihren Palast und ihre Gemächer geschützt von prachtvoller Kleidung. Dass sie dabei ihren individuellen Stil bevorzugt, versteht sich von selbst. So wird sie dann als die Kaiserin, die sie ist, und mit gebührendem Respekt behandelt. (Alles andere sind Illusionen und führen zu unangenehmen Erlebnissen. Also verlässt die Kaiserin selbstbewusst durch kaiserliche Kleidung ihre Wohnstätte.) Wenn sie kaiserlich auftritt (zugegeben, es braucht vielleicht ein wenig Übung), wird sie als Kaiserin behandelt. Beim Einkaufen, in Cafés und Restaurants, bei Bewerbungen, im Job, bei Kundengesprächen, bei Gesprächen mit dem Vermieter.

Bei der Auswahl ihrer Kleidung achtet die Kaiserin auf Qualität und edle Materialien. Weniger ist auch hier mehr. Während sie die Kleidungsstücke anprobiert, fragt sie sich: Stärkt es mich, oder schwächt es mich? Lieber ein stärkendes und kaiserliches Teil als den ganzen Schrank voll mit modischen Stücken, die ihr eigentlich nicht stehen. Auch wenn die Kaiserin dieses vielleicht albern finden wird, ist sie sich der Mechanismen bewusst und handelt danach.

Die Kaiserin baut sich einen prächtigen Palast

Als Wu Zhao Kaiserin wurde, weigerte sie sich, im Palast ihrer Vorgängerin zu wohnen. Sie ließ sich, selbst einen Palast nach eigenen Vorstellungen bauen. Sicher wurde ihr Verschwendung vorgeworfen, doch der eigene, selbst gestaltete Palast war eine wichtige Grundlage ihrer späteren Macht und Karriere.

Es gibt kleine und große Paläste. Manchmal ist dieser nur ein winziges Zimmer. Aber auch dieses eine Zimmer kann die Kaiserin prächtig und nach ihren Wünschen und Vorstellungen gestalten. Sie wählt entsprechend ihren Möglichkeiten von allem nur das Beste und Schönste. Sie scheut sich nicht, ihre Gemächer so prachtvoll und schön wie möglich zu gestalten, sodass sie sich dort als Kaiserin fühlt. Es wird nicht bei diesem einen Palast bleiben. Der nächste wird vielleicht größer werden. Die Kaiserin lässt ihre Fantasie und ihre Farbwünsche spielen. Auch dabei hält sie sich nicht an Konventionen oder Massengeschmack. Das Wichtigste ist, dass sie sich in ihrem Palast stark und als Kaiserin fühlt.

Die Kaiserin denkt strategisch

Zunächst macht sich die Kaiserin ihre Gedanken klar. Sie weiß, Gedanken haben unermessliche Wirkungen, wenn wir es zulassen. Gedanken sind die wirklichen Kräfte, Gedanken verändern.

Die Kaiserin lässt keine fremdbestimmten Gedanken zu. Sie entscheidet sich. Also lässt sie nur noch Gedanken zu, die ihr nützen. Zum Beispiel Gedanken wie: Sie ist eine Kaiserin ist eine Kaiserin ist eine Kaiserin. Oder: Die Kaiserin ist schön.

Alle schwächenden, krankmachenden und antrainierten Gedanken, die ihre eigene Person, ihre Persönlichkeit, ihre Ausstrahlung oder ihre Fähigkeiten in Frage stellen, stellt sie ab. Sie weiß, jeder Erfolg beginnt mit den richtigen Gedanken. Daher denkt die Kaiserin strategisch.

Die Kaiserin bündelt ihre Kraft

Je mehr die Kraft konzentriert ist, desto zielsicherer und effektiver ist sie, wenn sie zum Einsatz kommt. Und umso mehr kann die Kaiserin erreichen. Der Pfeil, mit Kraft und Konzentration und Ruhe abgeschossen, wird sein Ziel erreichen.

Doch vorerst geht es darum, die Kraft zu bündeln und zu konzentrieren.

Wo verschwendet die Kaiserin noch unnütze Energie?

Wer kann sie möglicherweise unterstützen?

Auf welche Hilfsmittel kann sie zurückgreifen?

Welche unerledigten Dinge gibt es?

Denn auch das Denken daran, was noch alles erledigt werden muss, verbraucht unnütze Energie und blockiert.

Die Kaiserin sammelt all ihre Kräfte zusammen. Sinnlose Projekte und Tätigkeiten stellt sie ein. Was erledigt werden kann, erledigt sie. Energie fressende Bekanntschaften und frustrierende Beziehungen beendet sie, ebenso wird sie das Abo der Zeitung, die sie doch nicht liest, abbestellen, Mitgliedschaften in Vereinen kündigt sie, wenn sie dort nur noch aus Nachlässigkeit oder Mitleid verblieben ist. Die Kaiserin bündelt ihre Kraft, denn dann ist sie wirklich stark und kann das erreichen, was sie wirklich will.

Die Kaiserin schwimmt nicht mit dem Strom

Wenn man in einem Fluss schaut, was so alles mit dem Strom fließt, sind dies nicht nur Segler, die die Strömung geschickt auszunutzen wissen. Es fließt auch allerlei Unrat mit dahin. Tote Fische, alte Schuhe und Müll jeder Art. All diesen Dingen, außer dem Segler, gemein ist, dass sie sich selbst nicht bewegen. Sie treiben träge dorthin, wo die Strömung sie trägt. Je weiter und länger das Wasser geflossen ist, desto stärker ist es verschmutzt – von all dem, was sich mittragen lässt.

So sagte Laotse:
Wer an die Quelle will, meidet die Abwasser.

Die Kaiserin schwimmt nicht mit dem Strom. Die Kaiserin zieht es zur Quelle. Dort findet sie das Ursprüngliche.

Die Kaiserin bleibt in Bewegung

Die Bedeutung der Bewegung und des stetigen Wandels ist in der fernöstlichen Philosophie und Medizin zentral. »Das Einzige, was sich nicht wandelt, ist der Umstand, dass alles sich wandelt«, heißt es im I Ging.

Wer sich dagegen stemmt und festhält, wird krank. Nun beweisen auch neueste wissenschaftliche Untersuchungen aus Amerika, dass körperliche Bewegung, wie zum Beispiel regelmäßiger Sport, nicht nur gesund ist und gegen viele Krankheiten, zum Beispiel Krebs, besser hilft als manche Medikamente, sondern die Phase der Altersgebrechlichkeit nach hinten verschiebt.

Kurz gesagt und nicht verwunderlich: Wer sich viel bewegt, altert langsamer. Körperliche Bewegung wirkt auch auf den Geist. Wer seinen Körper trainiert, trainiert auch die geistige Beweglichkeit.

Die Kaiserin bleibt in Bewegung, sie reist weiter, wandert, läuft, tanzt und erprobt immer etwas Neues. Nur was in Bewegung ist, kann sich verändern, kann fließen, groß und wieder klein werden. Altes kann zerfließen, Neues entstehen. Warum nicht eine neue Sprache lernen, eine Zeit lang an einem ganz anderen Ort leben?

Schwierigkeiten und Krankheiten werden dagegen oft durch Blockaden und Stagnationen begünstigt. Vielleicht sind sie nur ein Hinweis, weiterzugehen. Bewegung hilft, Stagnationen aufzulösen.

Die Kaiserin lenkt ihre Gedanken

Unzählige Gedanken fliegen uns tagtäglich durch den Kopf.

Es gibt schwächende und es gibt stärkende Gedanken. Überprüfen, ob ein Gedanke schwächend oder stärkend ist, lässt sich ganz leicht. Die Kaiserin geht einen steilen Berg oder eine Treppe hinauf und beobachtet, bei welchen Gedanken der Aufstieg ganz leicht geht und bei welchen Gedanken ihr der Aufstieg nur unter großen Schwierigkeiten gelingt.

Wenn die Kaiserin ihre Kraft für sich behalten möchte, muss sie alle schwächenden Gedanken abstellen. Es ist eine Entscheidung. Unerwünschte Gedanken lassen sich kappen. Allerdings verlangt dies eine gewisse Konzentration und Aufmerksamkeit. Tägliches Meditieren stärkt die Gedankenkraft.

Der Weg ist nicht, extra nicht an einen rosa Elefanten, denken, sondern sich ganz einfach auf das zu konzentrieren, was gerade wichtig ist.

Dabei hilft auch die Strategie als Mantra gesprochen: Die Kaiserin lenkt ihre Gedanken. Denn die Energie folgt den Gedanken. Wer immer an andere denkt, lässt damit zu, dass die Energie immer mehr von sich selbst zu den anderen hin fließt. Die anderen werden damit immer nur stärker. Die Kaiserin lenkt ihre Gedanken. Auf das, was sie selbst erreichen möchte, nicht darauf, was andere tun.

Andere sind nicht so wichtig wie die Kaiserin selbst. Sie selbst ist die Kaiserin, ihre Energie verbleibt bei ihr selbst. Die Kaiserin lenkt ihre Gedanken. Sie unterstützt sich selbst. Wie gesagt, unerwünschte Gedanken lassen sich einfach kappen. Dafür ist nur eine klare Entscheidung nötig.

Hat die Kaiserin erst einmal herausgefunden, wie es funktioniert, ersetzt sie schwächende Sätze durch stärkende Sätze. Ersetzt schwächende Gedanken durch stärkende. Sie denkt: Die Kaiserin lenkt ihre Gedanken, die Kaiserin ist schön, die Kaiserin ist ein tiefes Wasser, die Kaiserin ist eine Kaiserin, ist eine Kaiserin …

Die Kaiserin weiß, was sie will

Der erste Schritt, um etwas zu erreichen, ist, genau zu wissen, was man erreichen möchte. Das ist das Samenkorn. Die Kaiserin weiß, was sie will. Und sie weiß, was sie nicht will, und was sie nicht will, darauf lässt sie sich nicht ein. Die Kaiserin lässt sich nicht manipulieren. Sie hält an dem fest, was sie selbst erreichen möchte. Dabei richtet sie sich nach ihren ureigensten Maßstäben. Eine Frau, die sich ihrer eigenen Wünsche bewusst ist und der immer gegenwärtig ist, was sie will, kann dieses auch erreichen.

Was im Bewusstsein fest verankert ist, wird sich auch in der Realität verwirklichen. Dazu braucht es keine Wahrsagerei! Denn wie sagte unlängst ein weiser Freund, die beste Art, sein Leben vorherzusagen, ist, es zu gestalten. Ob es dabei um eine Reise ans Ende der Welt geht, darum, ein Buch zu schreiben, ein Geschäft aufzumachen oder einen neuen (besseren) Liebhaber zu finden. Die Kaiserin weiß, was sie will, was ihre Ansprüche und Maßstäbe sind, und sie wird das erreichen, was sie will.

Die Kaiserin macht sich klar, was sie wirklich will. Bei Angeboten von anderen prüft sie genau, ob das Angebotene zu ihren Vorstellungen passt. Die Kaiserin macht deutlich, was sie will und was sie nicht akzeptiert.

Wu Wei

Die Weisen meditieren über das Nicht-Tun
und lehren ohne Worte.
Sie beobachten, wie alle Dinge
ins Leben bersten, ohne einzugreifen.
LAOTSE

Die Kaiserin konzentriert sich auf das Wesentliche

Was ist das Wesentliche? Was ist das Wesentliche einer Sache? Das Wesentliche ist immer das, was für die Kaiserin wesentlich ist. Das Wesentliche der Nahrung ist, dass die Kaiserin daraus Kraft schöpfen kann, dass es sie stärkt, dass es ihr schmeckt und gut tut. Also wählt sie das, was sie selbst gerne isst und was von ausgezeichneter Qualität ist.

Sie beobachtet, was sind ihre Wünsche, was ihre Träume? Was ist wesentlich, um diese zu erfüllen? Und handelt. Sie prüft, wie sie ihre Zeit verbringt. Was davon dient ihr wirklich? Woran denkt sie mit Freude, und was ist ihr eine Last? Welche Menschen sind wesentlich für sie? Und welche langweilen sie? Die Kaiserin schaut von sich aus, was für sie wesentlich ist, was dient ihr, was bereichert sie geistig, was erweitert ihren Horizont, was macht ihr das Herz weit und froh? Womit ist ihre Haut geschmeichelt, wodurch wird sie gestärkt, was macht sie wirklich glücklich? Ist es wirklich das neue Auto oder ist es vielleicht das Kinderlachen? Ist es der schwarze Hund, ist es die einsame Wanderung, ist es das Studium, das Theater?

Manchmal ist es gut, einen übergeordneten Standpunkt einzunehmen. Und quasi von oben das eigene Leben zu betrachten. Dies ist in jedem Lebensalter möglich. (Die Kaiserin wird sich an ihre Wünsche und Visionen erinnern. Welche haben sich verwirklicht? Welche haben noch Kraft? Und welche müssen begraben werden?)

Die Kaiserin stellt sich die Fragen. Und wendet sich dem Wesentlichen in ihrem Leben zu.

Sie hat nicht unendlich viel Zeit und Energie, darum konzentriert sie sich auf das Wesentliche.

Die Kaiserin genießt ihre Faulheit

Faul sein ist wunderbar. In der Hängematte schaukeln, über sich die Äste und Blätter des alten Birnenbaumes. In der Badewanne mit duftendem Schaum. Stundenlang nur die Schwalben beobachten.

Manchmal bekommt die Faulheit Besuch, die Muse kommt und küsst. Manchmal passiert auch stundenlang, tagelang nichts. Das ist genauso gut. Je ausgiebiger die Faulheit genossen wird, desto mehr regenerieren sich so ganz unbemerkt die neuen Kräfte. Wenn es Zeit wird aufzustehen, den Müßiggang zu beenden, merkt es die Kaiserin von ganz allein. Doch während sie die Faulheit genießt, verschwendet sie keinen Gedanken daran, den angenehmen Zustand zu beenden. Der Impuls kommt von ganz allein, wenn es an der Zeit ist. Vor allem lässt sie sich nicht reinreden oder sich den Genuss der Faulheit durch ein völlig unangebrachtes schlechtes Gewissen verderben.

Tatsache ist, dass viele Menschen verlernt haben, faul zu sein. Viele können nicht einmal mehr im Urlaub das Nichtstun genießen. Durch dieses Ständig-in-Aktion-Sein verausgaben sie sich übermäßig und sind dann ausgelaugt. Das schlimme Gefühl, ständig aktiv sein zu müssen, zerstört auch noch die letzten Kräfte, ohne dass es zu irgendetwas führt.

Wird die Faulheit dagegen ausgiebig genossen, kommt die Lust, aktiv zu werden, irgendwann wieder. Von ganz von allein. Die Lust an der Arbeit, das Bedürfnis, sich zu betätigen, ist nämlich, entgegen anders lautenden Ansichten, ein menschliches Grundbedürfnis.

Handle, ohne zu handeln.
Tue, ohne zu tun.
LAOTSE

Die Kaiserin folgt ihrem innersten Gesetz

Gesetze gibt es viele. Alle Gesetze werden von Menschen gemacht. Gesetze werden verändert. Und es kommen neue hinzu, je nach Interessenlage und politischer Situation.

Ursprünglich sind Gesetze gemacht worden, um die Unedlen, also die Menschen, die nicht genügend innere Moral besitzen, vor sich selbst zu schützen. Aber wie die Realität zeigt, ist dies nicht ausreichend, denn den Unedlen gelingt es immer wieder, Gesetzeslücken zu finden, um ihre eigenen materiellen Vorteile zu sichern und gierig Geld und Besitz anzuhäufen. Davon angesteckt, folgen viele Unedle dem Beispiel nach. So werden dann neue Gesetze, neue Vorschriften gemacht, die dies wiederum verhindern sollen. Aber all diese Gesetze und Vorschriften schränken auch das freie Handeln der Edlen ein. Edle Menschen haben innere Gesetze und Richtlinien, nach denen sie handeln und die ihren hohen inneren Standards entsprechen. Nicht immer stimmen diese inneren Gesetze mit den bürokratischen Vorschriften überein. Wer aber gegen seine inneren Gesetze verstößt, wird sich selbst fremd.

So sagte schon Laotse: Der edle Mensch folgt seinem innersten Gesetz und keinem äußeren Gebot.

Die Kaiserin weiß um Ebbe und Flut

Tag und Nacht wechseln sich ab, so auch die Gezeiten Ebbe und Flut. Für alles gibt es den richtigen Zeitpunkt. Eine Seglerin mit einem Schiff, das in einem Hafen liegt, der nur bei Hochwasser Wasser hat, muss die Flut abwarten, um aufs Meer zu fahren. Die richtigen Winde müssen auch wehen. Wer eine Wattwanderung machen möchte, muss auf Niedrigwasser warten. Wer die Gezeiten kennt, kann diese für die eigenen Ziele nutzen. So ergeben sich zum Beispiel im Wattenmeer in den Prielen Strömungsrichtungen je nachdem, ob Ebbe und Flut herrscht. Mit der Strömung fährt es sich leichter, und nur bei Ebbe lässt sich das Watt betreten. Wer eine Gehaltserhöhung erreichen möchte, sollte für das Gespräch einen günstigen Zeitpunkt abwarten. Was heute ungünstig ist, kann morgen schon ganz anders aussehen.

Die Kaiserin achtet auf den richtigen Zeitpunkt. Vielleicht ist es sinnvoll, noch zu warten.

Die Kaiserin kennt ihre Ziele

Das Ziel kann ganz einfach sein, zum Beispiel, in den nächsten vier Wochen einen Artikel fertig zu schreiben, es gibt einen Abgabetermin. Das ist das Ziel. Eines ihrer Ziele. Oder die Kaiserin will das Abitur machen. Die Kaiserin hat das klar vor Augen. Das Ziel ist anvisiert, gelassen arbeitet sie nun dem Ergebnis zu. Manchmal scheint es nicht voranzugehen, es gibt Rückschläge, Schwierigkeiten der verschiedensten Art tauchen auf, aber die Kaiserin lässt sich nicht aus der Ruhe bringen. Sie kennt ihre Ziele. Sie wird es erreichen. Sie weiß, wenn sie ein Ziel anvisiert hat, muss sie nicht jederzeit daran denken, ihr Unterbewusstsein arbeitet dann schon darauf hin, dieses Ziel zu erreichen. Da das Unterbewusstsein in mancher Hinsicht weiser ist als das Tagesbewusstsein, kann sie sich darauf verlassen, das zu erreichen, was sie anvisiert hat. Auch wenn sie sich an manchen Tagen nicht bewusst damit beschäftigt.

Ein klar formuliertes Ziel hilft, unterstützende Kräfte zu mobilisieren. Das kann das eigene Unterbewusstsein sein oder Helfer aus der Umgebung. Menschen, die ähnliche Ziele haben, werden die Kaiserin unterstützen, oft auf verblüffende Weise. Unterstützt wird sie dann auch von Menschen, von denen sie es gar nicht erwartet hat, oder es tauchen plötzlich Helfer auf. Oft müssen die Ziele nicht einmal laut ausgesprochen werden. Das Geheimnis dahinter ist, dass wir wie ein »unterirdisches Wurzelwerk« mit sehr viel mehr Menschen und Kräften verbunden sind, als uns bewusst ist.

Wenn die Kaiserin ein Ziel klar erkannt hat und sie diesem mehr Kraft geben möchte, kann sie es aufschreiben. Anschließend kann sie für sich aufschreiben, was sie selbst tun kann, um dieses Ziel zu erreichen. Sie kann das Ziel in konkrete Teilziele unterteilen. Die kleinen Teilziele mögen für andere unverständlich sein, für sie selbst aber sind sie von entscheidender Bedeutung. Nicht immer ist es sinnvoll, die Ziele vor anderen auszusprechen. (Ich möchte möglichst bald diese Firma verlassen.) Manchmal ist es aber sinnvoll, ein Ziel laut auszusprechen: Ich möchte gerne eine Wohnung in Lungendahl mieten. Sind die Ziele klar, können sie auch erreicht werden. Die Kaiserin kennt ihre Ziele und handelt danach.

Die Kaiserin geht nach innen

In jedem Menschen, egal ob Mann oder Frau, gibt es etwas, das von alldem, was um uns herum passiert, unbeeinflusst ist. Es ist das innere Wesen. In diesem Wesen sind alle Antworten zu finden. Dort ist bestimmt, was jetzt in diesem Moment richtig und wichtig ist. Doch lässt sich dieser Zugang nicht immer so einfach finden.

Wer immer andere um Rat fragt, womöglich noch jeden Tag einen anderen, ist am Ende nur verwirrt. Ein anderer kann niemals wissen, was für das eigene Leben richtig und wichtig ist.

Bei wichtigen Fragen und Entscheidungen und in Lebenskrisen geht die Kaiserin nach innen. Sie schweigt, ist still, hält an und tut nichts.

Manchmal dauert es ein wenig, bis eine Antwort kommt. Manchmal fällt die Antwort auch anders aus als erwartet. Manchmal braucht es eine Zeit der Stille und Einkehr, bis deutlich wird, was zu tun ist. Die Kaiserin weiß, die Antworten, die sie von dort bekommt, sind richtig und wertvoll. Diese Antworten sind unbezahlbar. Darum geht die Kaiserin nach innen.

Es ist wie in der Natur. Nach der Zeit des Winters, in der alle Blätter abgefallen sind und ein Baum kahl und wie tot aussieht, treibt er neue, kräftige Triebe. Während des Rückzugs regenerieren sich die inneren Kräfte.

Die Kaiserin nimmt sich die Zeit, die sie braucht. Sie lässt sich nicht drängen und irritieren. Die Kaiserin zieht sich zurück. Dann entscheidet sie von innen heraus. Vielleicht braucht sie eine Zeit der Abgeschiedenheit, der Ruhe, eine Zeit in Einsamkeit und in der Natur.

Unterstützung: Elixier No 4.

Die Kraft der Kaiserin entsteht in der Tiefe

Wer mit den eigenen Handlungen weit reichen will, braucht gute Wurzeln. Die Wurzel der Kaiserin ist ihr eigenes Yin. Es lädt sich in Ruhe und Einkehr in der Natur und durch gute Speisen und Liebhaber auf.

Tiefer als die Gedanken, tiefer als Worte und Gespräche ist die Kraft der Kaiserin verwurzelt. Es ist ihre Essenz, ihre angeborene Energie. Sie hat diese Kraft von ihren Ahnen.

Die Kraft der Kaiserin ist die Kraft des tiefen Wassers. Das tiefe Wasser fließt in der tiefsten Tiefe. Es ist der unterirdische Fluss. Wenn es der Kaiserin gelingt, mit ihrem unterirdischen Fluss in Kontakt zu sein, so fließen ihr die größten Kräfte zu.

Doch immer wieder kommt im Leben der Kaiserin der Winter. Nichts geht mehr, alles ist eingefroren und starr. Pläne und Freundschaften sterben ab, und die Kraft geht plötzlich verloren. Das Beste in so einer Situation ist es, der Natur nachzutun und still zu werden. Anzuhalten und die Kräfte sich regenerieren zu lassen.

In der Tiefe sind die Schätze der Kaiserin, ihre Essenz, ihre Ursprungsenergie und ihr Wille. Um diese Kräfte zu stärken, ist es notwendig und sinnvoll, immer wieder in die Tiefe zu tauchen und alle Außenaktivitäten abzustellen. Wie es in der Natur von ganz allein in jedem Winter passiert. So halten Bäume im Winter still, alle Säfte fließen nach innen, bis der Winter vorbei ist und die Blätter mit neuer Kraft hervorbrechen.

Wenn die Wurzeln stark sind und in die Tiefe reichen, dann ist der Stand sicher.

Wandlungen

Ziehe dich zurück,
wenn die Leistung vollbracht ist.
LAOTSE

Die Kaiserin bricht das letzte Tabu

Die Kaiserin fragt sich: Welches Tabu hat mich bisher daran gehindert, das zu tun, was ich eigentlich schon lange tun wollte?

Manchmal sind es Worte, die vor langer Zeit einmal jemand gesagt hat, vielleicht die Mutter, vielleicht der Vater oder eine Tante. Viele Tabus haben schon lange ihre Macht verloren, wir wissen es nur noch nicht. Was aber genau das letzte Tabu ist, das die Kaiserin hindert, ein selbstbestimmtes Leben zu führen, muss sie manchmal erst herausfinden. Selbst muss sie dies herausfinden. Kein anderer kann das wissen.

Vielleicht ist das letzte Tabu für Frauen, ein wirklich selbstbestimmtes Leben zu führen. Das eigene Leben wirklich wichtig zu nehmen. Sich selbst an die erste Stelle zu setzen. Mit allen Konsequenzen, als da sein können: eine Erbschaft ausschlagen, den Mann und die Kinder verlassen, die Firma nicht übernehmen.

Im Grunde geht es darum, die eigenen inneren Überzeugungen wichtig zu nehmen, wichtiger als alles andere. Den eigenen inneren Überzeugung zu folgen, gegen alle von anderen Menschen aufgebotenen Argumente und gegen alle herbeizitierte Vernunft – dies ist für viele Frauen das größte Tabu. Darauf reagieren andere Menschen am giftigsten. Die Frau darf alles, sogar Erfolg haben, aber sobald sie sich selbst dazu bekennt, dass sie selbst die wichtigste Person in ihrem Leben ist, werden ihr Missfallen, böse Worte und offener Hass entgegengebracht. Dies ist gespeist aus Neid, Schmerz und Erkenntnis über das aus der Hand gegebene eigene Leben.

Das eigene Leben, die eigene Selbstbestimmung gegen alles andere in die Waagschale zu werfen, dazu gehört Mut.

Wohin es auch immer die wilde und ungezähmte Kaiserin treibt. Das ist das letzte Tabu. Die Kaiserin bricht das letzte Tabu. Hier geht es um das eigene Leben, das unverfälschte echte Leben aus erster, eigener Hand.

Die Kaiserin erwartet den Tod als besten ihrer Liebhaber

Der Tod steht am Ende des Lebens. Der Tod steht immer in der Nähe. Er ist da, wenn wir Auto fahren, er ist da, wenn wir das Flugzeug betreten, der Tod begleitet jede Geburt, jeden Abschied, jede wirkliche Liebesnacht. Denn irgendwann ist immer der Moment, der gerade jetzt ist, gestorben, und ein neuer Moment beginnt.

Der Tod geleitet uns durchs Leben, er lässt Zellen absterben, dass Platz ist für neue. In jedem Herbst sterben die Blätter besonders schön, unzählige von Insekten verenden, Blüten sterben in größter Pracht.

Der Tod ist immer an unserer Seite. Freundschaften sterben, Träume werden begraben. Jeden Tag gehen wir einen Schritt mehr auf den Tod zu.

Der Körper der Kaiserin wird sterben, genau wie die Körper der Schwalben, wie die Früchte des Apfelbaumes, die Blätter der Birken und die Blüten der Hyazinthen. Die schönste Umarmung, der zärtlichste Kuss, der vollste Mond, all das wird irgendwann dem Tod übergeben. Die Kaiserin ist ein Teil des Ganzen.

Neue Blätter werden sprießen, neue Äpfel werden wachsen, neue Kaiserinnen werden geboren werden. Aber das ist eine andere Sache.

Wenn es nun einmal so ist, dass nichts so sicher ist wie der Tod, und wenn es so ist, dass der Tod im Leben immer dabei ist, dass uns immer nur ein Hauch von ihm trennt, warum ihn dann nicht umarmen. Wozu Angst haben vor etwas, das uns schon das ganze Leben begleitet hat?

Warum Angst haben vor etwas, das immer da ist?

In der Gewissheit des Todes wissen wir das Leben zu schätzen. In der Nähe des Todes ist das Leben unendlich kostbar, zerbrechlich und köstlich. Wie werden erst die Momente sein, wenn der Liebhaber der Tod ist? Die Kaiserin erwartet den Tod als besten ihrer Liebhaber.

Die Kaiserin durchwandert tiefe Abgründe

Nicht jede Frau wird sich dafür entscheiden, den Weg einer Kaiserin zu gehen. Nicht jede Frau wird alle Wege einer Kaiserin mutig und selbstbewusst bis zum Ende gehen. Hier unterscheiden sich Kaiserinnen von Nichtkaiserinnen.

Abgründe tun sich auf und wollen durchwandert werden. Doch die meisten Menschen wollen die Abgründe vermeiden. Die wenigsten Menschen schauen tief genug in die Abgründe, um die Schätze zu sehen, die sich in den Tiefen verbergen. Der Blick dorthin lässt Fassaden bröckeln und das dünne Eis der Sicherheit zerbrechen.

Wenn die Kaiserin sich entschließt, in die Abgründe hinabzusteigen, gibt es keine Versicherung, keine Versprechen, keine Sicherungsleinen, nichts. Sie wird allein sein, in der Dunkelheit, in der Kälte. Vielleicht werden ihr Geister begegnen, Gespenster der Vergangenheit und Gespenster der Ahnen. Vielleicht wird sie endlich den Sinn ihres Lebens verstehen, vielleicht findet sie am Ende der tiefen Schlucht einen Ausgang. Vielleicht wartet dort das Meer und Klarheit und ein neues Leben. Vielleicht weitere Abgründe.

Nicht alle Abgründe, die sich auftun, zeigen ihre wahre Tiefe. Es gibt kleine und große Abgründe. Zufällig hört die Kaiserin, wie ihr Liebhaber mit einem Freund über sie spricht, sie sieht das Buch, das sie der Freundin für viel Geld gekauft und geschenkt hat, auf dem Altpapierstapel. Und es gibt große Abgründe, die scheinen bodenlos: große finanzielle Verluste, schlimme Krankheiten, sich plötzlich einstellende Erkenntnisse, die das vorangegangene Leben völlig in Frage stellen. Wenn es danach weitergehen soll, führt der Weg durch diese Abgründe hindurch. Nicht in die Welt der Illusionen. Die Kaiserin durchwandert tiefe Abgründe.

Die Kaiserin trennt sich von allem Überflüssigen

Es gibt diese Zeiten oder manchmal sind es nur Momente: Plötzlich stimmt nichts mehr. Alles ist zu viel. Plötzlich wird deutlich, es kann nicht alles mit. Etwas, vielleicht sogar alles muss zurückbleiben. Plötzlich ist klar, die Kaiserin wird nur bestehen können mit leichtem Gepäck.

All das, was überflüssig ist, wird zurückbleiben müssen. Es ist eine Reise, die vielleicht nur in ihrem Innern stattfindet. Manchmal ist das so. Vielleicht muss sie das Land verlassen oder ihre schöne große Altbau-Wohnung aufgeben. Es können auch plötzliche Momente der Erkenntnis sein, vielleicht nach einer großen Enttäuschung. Auf einmal erscheint es sinnlos, zwei Autos, drei Pferde und zwei Liebhaber zu haben, die Plattensammlung, den großen Garten, die Partys, das Abo der Lifestyle-Zeitschrift. Auf einmal ist alles hohl, auf einmal sieht alles ganz anders aus, auf einmal weiß die Kaiserin, sie will das alles nicht mehr. Sie will ihre Zeit und ihre Gedanken nur noch für sich. Auf einmal fehlt ihr die Kraft, sich mit all den Belanglosigkeiten zu beschäftigen. Vielleicht weiß sie noch nicht, wie es weitergeht. Vielleicht weiß sie nur, dass sie Ballast abwerfen muss, sonst geht es nicht weiter. Daher trennt sie sich von allem Überflüssigen. Es hat sich so viel Überflüssiges angesammelt. Immer sammelt sich so viel Überflüssiges an.

Sie fragt sich, brauche ich das? Ist das wesentlich für mich? Alles, was nicht wesentlich ist, sortiert sie aus, beendet es, gibt es ab.

Dies kann in Krisen, bei großer Erschöpfung, bei Enttäuschungen und Wendepunkten im Leben notwendig oder überlebensnotwendig sein. Funktioniert auch einmal im Jahr beim jährlichen Frühjahrsputz, beim monatlichen Großputz.

Erst wenn alles Überflüssige weggegeben und ausgemistet ist, wird Raum für Neues sein.

Da die Kaiserin aufs Wesentliche setzt, trennt sie sich von allem Überflüssigen.

Die Kaiserin ist erbarmungslos

Wer in seinem Garten viele bunte Sommerblumen haben möchte, muss die Brennnesseln und den Giersch ausrupfen, zumindest dort, wo die Blumen wachsen sollen. Wo die Möhren und die Petersilie stehen sollen, muss das Unkraut ebenfalls ausgerissen werden. Entweder Unkraut oder Gemüse. Es gibt Zeiten und Situationen, wo die Kaiserin etwas beschlossen hat, eine Entscheidung ist gefallen. Zum Beispiel, sich von diesem Mann zu trennen oder die ewigen Klagen der Nachbarin nicht mehr anzuhören. Nun ist es notwendig, erbarmungslos und konsequent zu bleiben. Es macht keinen Sinn, mit dem Ex-Lover auf dessen Wunsch noch einmal in den Urlaub zu fahren, sich die Leidensgeschichte der Nachbarin zum zehnten Mal anzuhören oder auf die Kinder der Freundin aufzupassen, wenn man deren Kinder gar nicht leiden kann und eigentlich auch die Freundin gar nicht mag. Die Kaiserin bleibt erbarmungslos, auch wenn die anderen darum bitten oder ins Drohen verfallen: Du wirst schon sehen, was du davon hast, wie kann man nur so egoistisch sein.

Die Kaiserin ist eine Kaiserin. Sie geht ihren eigenen Weg. Sie nutzt ihre kostbare Zeit für das, was ihr selbst dient und was ihr wirklich am Herzen liegt. Denn irgendwann hat sie gemerkt, dass sie nicht unendlich viel Zeit und Energie zur Verfügung hat. Ihre Zeit auf der Erde ist kostbar. Sie will das tun, was ihr bestimmt ist. Darum kappt sie Freundschaften, die sie nur Kraft kosten, und meidet Menschen, die ihre Zeit und Energie verschwenden und ihr keine Freude bereiten. Sie wird das nicht großartig ankündigen oder gar erklären und sich in Gespräche verwickeln lassen, die mit Vorwürfen gespickt sind. Es reicht, wenn sie sich zurückzieht und keine Zeit hat. Die Kaiserin ist erbarmungslos. Wie in ihrem Garten.

Die Kaiserin macht sich nichts vor

Die Kaiserin macht sich nicht vor, dass sie mit fünfzig Jahren wie mit zwanzig oder dreißig aussehen kann. Sie macht sich nicht vor, dass sie sich wieder verjüngen lässt, nimmt sie nur die richtigen Cremes oder ließe sie sich gar in ihrem Gesicht herumschneiden. Sie macht sich nicht vor, dass alle Menschen, die freundlich und zuvorkommend zu ihr sind, dies um ihrer selbst willen sind. Sie macht sich nicht vor, dass alle Männer, die ihr zugetan sind, dies sind, weil sie die Kaiserin von ganzem Herzen lieben.

Sie weiß, die meisten Menschen achten auf das Äußere, auf den Status, das Geld und die Erfolge in der Welt der Erscheinungen, die ein Mensch vorweisen kann.

Sie weiß, all diese Dinge sind vergänglich. Wer heute ein Star ist, ist morgen vergessen.

Die Kaiserin weiß, die einzige Beständigkeit ist sie selbst, vielleicht ihre Weisheit, das, was sie erkannt hat, vielleicht ihr Witz und ihre geistvollen Worte. Damit wird sie überzeugen, damit wird sie andere erreichen. Sie wird die erreichen, die sie sehen können. Das ist die Basis, auf die sie sich verlassen kann.

Sie weiß, gerade wenn sie Erfolge hat, wenn sie Geld hat, wird es immer Menschen geben, die ihre Nähe suchen, des Geldes und ihres Erfolges wegen.

Sie macht sich nicht vor, dass sie unsterblich sei. Sie weiß, sie hat eine begrenzte Zeit, die sie auf diesem Planeten zu leben hat. Sie weiß um die Begrenztheit dieser Zeit. Darum vertut sie diese Zeit nicht damit, unnütze Dinge anzuhäufen, mit denen sie vorübergehend andere Menschen, meist unedle, beeindrucken und an sich binden kann. Sie verbringt ihre Zeit auch nicht damit, sich vorzumachen, ihre Zeit sei unbegrenzt, und sie vertut diese kostbare Zeit nicht damit, Nichtigkeiten und kurzfristigen Belohnungen hinterherzulaufen.

Wie jedes Lebewesen, jede Pflanze wird sie altern, wird sie sterben. Ihr Körper wird altern, ihr Körper wird sterben. Etwas in ihr ist von diesem Alterungsprozess nicht betroffen, ihr Kern altert nicht.

Die Kaiserin kann den Alterungsprozess des Körpers durch richtige Ernährung, stärkende Kräuter und entsprechende Lebensführung verlangsamen. Wenn sie ihr Herz aber an Äußerlichkeiten hängt, hat dies keine lebensverlängernde Wirkung.

Die Kaiserin stellt sich der Wahrheit

Ach, wie schön ist es doch, in Illusionen zu leben! Die Illusion der idealen Beziehung, der wunderbaren Freundschaft, der guten Nachbarschaft, die Illusion des eigenen Status. Wie nett ist die Illusion: Der Mann arbeitet samstags lange im Büro. Meist spüren wir schon sehr früh, was Wahrheit und was Lüge ist. Die Wahrheit ist nicht immer angenehm. Die Wahrheit kann schmerzhafte Veränderungen notwendig machen. Plötzlich reduziert sich der Freundeskreis radikal. Die Ehe ist vorbei, vielleicht steht die Kaiserin sogar ganz allein da. Der Liebhaber verabschiedet sich nun, wo sie in Schwierigkeiten ist, auch noch.

Illusionen sind so lange angenehm, bis sie zerplatzen. Und das ist fast immer nur eine Frage der Zeit. Die Wahrheit aber ist, wie sie ist. Wenn die Kaiserin sich der Wahrheit stellt, steht sie auf festem Grund, auch wenn es wehtut. Wenn sie sich für die Wahrheit entscheidet, werden ihr Kräfte zuwachsen, all jene, die vorher damit beschäftigt waren die Illusion aufrechtzuerhalten. Wenn sie sich der Wahrheit stellt, ist sie sich selbst näher als je zuvor.

In jeder Bewegung wähle den rechten Zeitpunkt.
LAOTSE

Die Kaiserin geht keiner Erfahrung aus dem Weg

Es gibt schöne und schreckliche Erfahrungen, beglückende und schmerzhafte, und es gibt peinliche Erfahrungen. Die Erfahrungen sind, wie sie sind. Nur unsere Gedanken bewerten und beurteilen die Erfahrungen (in gut und schlecht). Und wir versuchen, unangenehmen und schmerzhaften Erfahrungen aus dem Weg zu gehen. Dies gilt auch für Erfahrungen, die uns verunsichern könnten.

Warum die todkranke Nachbarin besuchen, die für ihre letzten Tage nach Hause gekommen ist. Ihr Mann sagt zwar, sie würde sich über Besuch freuen, aber was, wenn die Worte fehlen, wenn die Tränen kommen?

Manchmal sind wir auch angezogen von dunklen Orten oder ungewöhnlichen Menschen, manchmal stellt sich dann Angst ein, manchmal ist die Angst mit Faszination gemischt.

Wer immer auf Sicherheit bedacht ist und sich nur in gewohnten Bahnen bewegt, wird geistig und seelisch immer ärmer. Feste Vorstellungen und Urteile blockieren das, was neue Möglichkeiten eröffnet.

Die Kaiserin geht dorthin, wohin es sie ruft. Sie schaut sich das an, was sie immer schon einmal sehen wollte. Die Kaiserin macht ihre ganz persönliche Traumreise. Die Kaiserin besucht die verruchte Bar, die sie schon immer betreten wollte. Die Kaiserin geht dem Gespräch nicht aus dem Weg, auch wenn sie Angst vor den Reaktionen hat. Eigenen und fremden. Die Kaiserin ist bereit, die eigene Unsicherheit und Angst zu erfahren.

Die Kaiserin schaut der Angst ins Auge

Wovor hat die Kaiserin Angst? Vor Krankheiten, vor finanziellen Verlusten, vor dem Tod oder davor, dass ein Mann sie verlässt? Vor dem Älterwerden, davor, Freunde oder den Job zu verlieren, nicht mehr attraktiv zu sein, nicht mehr in der Lage zu sein, für den eigenen Unterhalt zu sorgen? Angst davor, dass den Liebsten etwas Schlimmes passiert, vor Gewalt, vor Terroranschlägen, vor Überfällen, vor Vergewaltigung, vor Flugzeugabstürzen, vor Autounfällen, vor Einbrechern, vor Feuer, vor Gewitter, vor der Angst, vor der Dunkelheit, vor dem Mann, vor dem Chef, vor Spinnen …

Davor, dass sie vernichtet wird, dass nichts bleibt von ihr, dass sie sich vollkommen auflöst.

Vorgehensweisen, kombinierbar:

1. Alle Ängste sind an die Gedanken gebunden, an etwas, was nicht jetzt ist. Was ist jetzt?
2. Wie fühlt sich die Angst an? Wo fühlt die Kaiserin die Angst im Körper? Wo genau? Die Kaiserin beschreibt genau, wie die Angst sich anfühlt, spürt genau hin, weicht nicht aus. Vielleicht klopft die Angst im Hals oder in den Füßen. Die Kaiserin schaut genau hin, spürt, konzentriert sich auf den Körper.
3. Die Kaiserin macht sich mit ihrem Verstand die Wahrscheinlichkeit klar. Was kann schlimmstenfalls passieren?
4. Was kann sie konkret tun, um ihre Situation zu verbessern, sich zu stärken?
5. Was ist unabänderlich und muss akzeptiert werden?

Also tut sie jetzt all das, was sie schon immer tun wollte, was ihr wichtig ist.

Die Kaiserin akzeptiert das, was ist. Vielleicht steht sie vor dem Nichts. Vielleicht irgendwann. Sie schaut es sich an. Sie akzeptiert, was ist. Sie macht sich nichts vor. Sie sieht ihr Scheitern, ihren Misserfolg, ihr Verlassenwerden, ihr Alter, die Krankheiten oder nur die Gedanken daran. Sie steht vor dem Nichts. So ist es.

Geheimnisse

Allzeit ohne Wünsche sieht man das Geheimnis.
LAOTSE

Die Kaiserin setzt sich selbst auf den ersten Platz

Der erste Platz im Leben einer Kaiserin ist für die Kaiserin selbst.

Es mag so sein, dass sie dies ausspricht oder besser gleich danach handelt und dass es sofort stirnrunzelnde Missbefaller gibt. Noch immer wird in unserer patriarchalisch geprägten Leistungsgesellschaft erwartet, dass eine Frau ihren Mann oder Freund auf den ersten Platz setzt und ihre persönlichen Interessen ihm unterordnet. Wenn nicht seine, dann sollten doch zumindest die Interessen ihres Arbeitgebers ganz oben stehen. Wenn nicht der Arbeitgeber, dann wenigstens das Haus, die Karriere, das Geld und eventuell noch die Kinder. Wenn es aber um sie geht, darf es höchstens ihr Aussehen, ihre Figur, die Kleidung und das Make-up betreffen. Ihre ganz persönlichen Interessen und Wünsche haben in den oben genannten aufzugehen oder sind unwichtig und bringen ja doch nichts. »Was, du willst zeichnen lernen? Wozu denn? Talent hast du doch sowieso nicht!«

Nicht so die Kaiserin. Die Kaiserin handelt so, wie es für sie selbst am besten ist. Es ist für sie ganz selbstverständlich. Ein Nebeneffekt: sie wird für andere ein interessanter Gesprächspartner und gewinnt auch sonst an Wert. Denn wenn sie sich selbst wertschätzt, dann werden es auch andere tun. Ihre Kinder werden selbstbewusst und mutig heranwachsen. Denn sie müssen nicht die ungelebten Wünsche und Hoffnungen der Mutter ausleben. Die Kinder werden auch kein schlechtes Gewissen haben, denn die Kaiserin wird ihnen niemals sagen, deinetwegen habe ich den Wunsch aufgegeben, zu studieren oder Opernsängerin zu werden.

Die Kaiserin handelt immer nach ihren eigenen Wünschen und Interessen. Wer denkt, dass es bei den eigenen Interessen um blanken Egoismus, Ellenbogenmentalität und materielle Vorteile geht, offenbart sich nur als fantasielos und engstirnig und zeigt, wie seine Interessen gelagert sind.

Wirklich interessante und geistreiche Männer fühlen sich übrigens von Frauen angezogen, die ihren eigenen Wert zu schätzen wissen und darum ihre eigenen Interessen verfolgen. Bei Kaiserinnen müssen sie sich niemals anhören, was sie ihm zuliebe alles aufgegeben haben.

Die Kaiserin tut all das, was ihr selbst Freude bereitet und was ihr selbst wichtig ist, sie setzt sich auf den ersten Platz. Wenn sie ihrem Geliebten einen Sportwagen schenkt, dann weil sie selbst Freude daran hat sich an seiner Freude zu freuen, oder weil sie ihn darin gerne anschauen mag. Denn die Kaiserin setzt sich auf den ersten Platz.

Die Kaiserin ist ein tiefes Wasser

Tiefe Wasser sind gefährlich, tiefe Wasser bergen große Geheimnisse, im tiefen Wasser kann man ertrinken, tiefe Wasser haben einen Sog. Man möchte sich hineinstürzen, eins mit ihm werden und hat doch gleichzeitig Angst davor.

Im alten China wurden die Frauen als gefährliches Wasser bezeichnet und gefürchtet. Es gibt unzählige alte Legenden, in denen ein Mann seine ganze Energie und Lebenskraft in einer einzigen Liebesnacht verloren hat.

Frauen, die dazu in der Lage waren, einem Mann in einer Nacht all seine Kraft zu rauben, galten als das gefährliche oder tiefe Wasser.

Denn nach chinesischen Vorstellungen wird in der sexuellen Begegnung Energie ausgetauscht. Derjenige der Partner, der gefestigter ist und ein stärkeres Yin hat, wird nach der Begegnung mehr Energie haben als derjenige, der überhitzt und überstimuliert in die Begegnung gegangen ist. Bei gleich starken Partnern verfeinert sich die Energie, und beide profitieren davon. Die Energie, die bei der sexuellen Begegnung frei wird, gilt als lebensverlängernd.

Die Kaiser hatten einen ganzen Harem junger Mädchen, deren Yin noch nicht gefestigt war (es heißt, das Yin ist erst mit 21 Jahren gefestigt) und die zudem durch Drogen und Erzählungen in der Haremsatmosphäre heißblütig gemacht wurden. Der Kaiser, der sein Leben verlängern wollte, hatte dann mit möglichst vielen von ihnen sexuellen Kontakt, allerdings ohne selbst zu ejakulieren, da Ejakulationen als Energieverluste gelten. Es hieß, er pflückte das Yin (die Lebenskraft) der jungen Mädchen. Auf diese Weise sollen einige, die die Kunst des Yinpflückens beherrschten, uralt geworden sein, aber immer noch frisch und jung ausgesehen haben. Doch wehe, wehe, wehe, wenn so einer einmal an die falsche Frau geriet, eine, die ein gefährliches Wasser war, denn dann konnte er all seine Energie auf einmal verlieren, und es war aus mit ihm.

Normalerweise haben Frauen mehr Yin als Männer und werden daher energetisch von der sexuellen Begegnung eher profitieren, es sei denn, sie sind gerade sexuell besonders bedürftig und hitzig. Darum wurde in China vor den Frauen, die ein tiefes Wasser sind, gewarnt. Wie gesagt, bei gleich starken Partnern, vor allem wenn die Herzenergie, das Shen, beteiligt ist, wird die Energie durch die sexuelle Begegnung verfeinert, und beide profitieren energetisch.

Die Kaiserin lässt sich nicht energetisch anzapfen, die Kaiserin ist ein tiefes Wasser.

Dafür meidet sie erhitzende und feucht machende Speisen, wie rotes Fleisch, Rotwein, Süßigkeiten, scharfe Gewürze und Milchprodukte, und beseitigt übergroße sexuelle Bedürftigkeit durch das Elixier No 2 – die kühle Göttin.

Die Kaiserin entscheidet sich dafür, gesehen zu werden

Da ist sie. Sie, die Kaiserin. Das ist eine Tatsache und lässt sich nicht leugnen. Warum sich verstecken? Wenn sie schon einmal da ist, kann sie sich auch auf den besten Platz setzen, genau in die Mitte. Dort wird sie gesehen.

Die Kaiserin muss sich nicht verstecken. Wenn sie sich schon entschieden hat, gesehen zu werden, warum dann nicht von ihrer besten Seite?

Jetzt. Jetzt ist der Moment da. Sie wird auftreten, sie wird angeschaut. Sie wird auffallen. Dann kann sie auch so auffallen, wie sie es möchte. Wenn es nun schon einmal so ist, dann kann sie es auch genießen. Die Kaiserin entscheidet sich. Sie wählt ihre Kleidung. Kleidung, die ihre Person unterstützt, und solche, in der sie sich gut, stark und kaiserlich fühlt. Die Kaiserin geht aufrecht und genießt ihren Auftritt.

Wenn die Kaiserin sich einmal dafür entschieden hat, gesehen zu werden, wird sie mit der Zeit immer mehr Freude daran entwickeln.

Die Kaiserin liebt und pflegt ihre Visionen

Visionen sind manchmal erst schüchtern, Visionen wachsen, Visionen sind manchmal noch klein, Visionen weisen in die Zukunft, Visionen sind mächtig, Visionen können Angst machen, Visionen tauchen plötzlich auf. Keiner weiß, woher sie kommen. Sind sie Eingebungen der Götter? Das kurze Aufblitzen der Zukunft? Oder die Wünsche der Kaiserin, die sich verwirklichen wollen? Egal, woher sie kommen, ist ihnen doch eine Eigenschaft gleich: sie können wahr werden! Die Kaiserin flüstert ihre Visionen, sie malt ihre Visionen, sie malt sie aus, sie lässt sie wachsen.

Je mehr die Visionen gehegt und gepflegt werden, desto stärker werden sie und desto stärker drängen sie nach Verwirklichung. Darum pflegt und hegt die Kaiserin ihre Visionen.

Die Kaiserin spinnt mit großem Vergnügen

Spinn doch nicht rum!
Oh doch!
Die Kaiserin spinnt! Und wie sie spinnt, wie der Faden tanzt, wie sie sich alles ausmalt, wie sie spinnt, was sie für wunderbare Ideen hat, wie sie spinnt und wie sie zusammen mit anderen Kaiserinnen spinnt, wie der Faden immer dicker wird, wie die Fäden zusammenlaufen, wie sich Netze bilden, wie sich Kaiserinnen austauschen, wie sie zusammenkommen, wie sie spinnen und Freude haben, wie sie spinnen, wie sie aufgefangen sind im gemeinsam Gesponnenen. Und wie sie von dort ihre Streifzüge ausspinnen. Und wen sie alles fangen. Und alles nur für das Vergnügen und die Freude der Kaiserinnen!

Die Kaiserin kennt die Quellen ihrer Kraft

Die Kaiserin fragt sich:
  Was stärkt mich?
  Wer stärkt mich?
  Wer unterstützt mich?
  Was tut mir gut?

Wo fühle ich mich aufgeladen und gut?
Welche Orte stärken mich?
Welche Plätze geben mir Kraft?
Welche Tätigkeiten stärken mich?
Welche Speisen stärken mich?
Welche Gedanken stärken mich?
Die Kaiserin findet die Antworten und handelt danach.

Die Kaiserin ist wild und geheimnisvoll

Eine Kaiserin ist immer geheimnisvoll. Das ist gar keine Frage. Wie schafft sie es nur, so kaiserlich zu sein, denken andere. Warum hat sie gar keine Angst, woher nimmt sie den Mut? Die Kaiserin indes verrät dies nicht, denn sie verrät nicht all ihre Geheimnisse.

Da sie eine Kaiserin ist, ist sie wild und ungezähmt. Keiner hat ihr etwas zu sagen, keinem folgt sie nach. Sie folgt nur ihrer eigenen kaiserlich wilden und geheimnisvollen Natur.

Die Kaiserin folgt ihren eigenen Eingebungen und Instinkten – und ihren eigenen Visionen. Natürlich spricht sie nicht darüber. Niemals! Denn sie ist ja geheimnisvoll. Je mehr sie sich entscheidet, wild und geheimnisvoll zu sein, desto mehr wird sie dies auch sein. Und umso geheimnisvoller wird die Aura, die sie verströmt.

Die Kaiserin nimmt sich, was sie braucht

Viele Frauen hoffen immer noch darauf, dass ihnen das Schicksal oder ihr Geliebter oder die Firma das geben, was sie brauchen. Bescheiden, als seien sie in ihrem Leben lediglich zu Besuch, warten sie und warten und warten. Meist vergebens.

Tatsache ist, die wenigsten Menschen erkennen, was die Kaiserin braucht, und selbst wenn sie es erkennen würden, interessieren täte es sie trotzdem nicht.

Die Kaiserin wartet nicht, bis ihr die Dinge offeriert werden. Sie ist in ihrem eigenen Leben zuhause, so schafft sie sich alle Möglichkeiten. Sie sagt deutlich, welche Arbeit sie tun möchte, oder sie schafft selbst ihren Arbeitsplatz.

Die Kaiserin weiß, was sie braucht. Sie macht sich selbst die besten und kostbarsten Geschenke: Blumen, gute Kleidung, schöne Schuhe, köstliches Essen. Sie bestellt oder kauft das, was sie selbst gerne essen möchte, denn an ihrem Wohlergehen ist ihr gelegen.

Die Kaiserin fragt sich, was sie braucht. Gutes Essen, eine neue Wohnung, einen neuen Liebhaber, eine befriedigende Arbeit, vielleicht eine Putzfrau?

Die Kaiserin erfüllt sich selbst ihre Bedürfnisse und Wünsche. Die Kaiserin ist nicht darauf angewiesen, dass ein Mann ihr gnädig etwas gibt. Wenn andere Menschen ihr Geschenke oder Möglichkeiten anbieten, weiß sie dies zu schätzen. Aber sie lässt sich nicht kaufen. Sie macht sich in der Erfüllung ihrer Wünsche und Bedürfnisse von niemandem abhängig.

Sie selbst weiß am besten, was sie braucht, und danach handelt sie. Die Kaiserin nimmt sich, was sie braucht. Dies ist weder peinlich noch egoistisch oder unangemessen. Es ist selbstverständlich. Es ist so selbstverständlich, dass es gar nicht erwähnt werden müsste.

Da es immer noch Frauen gibt, die völlig zu Unrecht Skrupel haben, sich das zu nehmen, was sie brauchen, muss es hier aber ausdrücklich betont werden: Die Kaiserin nimmt sich, was sie braucht.

Es hat damit zu tun, erwachsen zu sein und wirklich zuhause zu sein.

Wer zu Besuch ist in einem fremden Haus, der wartet höflich darauf, dass er Getränke, Essen und vielleicht einen Schlafplatz angeboten bekommt. Wer aber das Haus selbst bewohnt, dem ist selbstverständlich, sich von all dem zu nehmen, was er braucht. Wer also in seinem eigenen Leben zuhause ist, das eigene Leben bewohnt und auf der Welt zuhause ist, weiß, dass für ihn alles da ist, was er oder sie braucht. Das heißt nicht, es den anderen wegzunehmen oder Menschen oder die Natur auszubeuten, so führt sich nur jemand auf, der nicht zuhause ist im eigenen Leben, denn sonst würde er die Umgebung, die Welt und die anderen gut behandeln und wie im eigenen Zuhause dafür sorgen, dass alles schön und angenehm ist. Wer räubert, führt sich auf wie ein schlechter Gast.

Die Kaiserin ist im eigenen Leben zuhause, darum ist sie auch selbst verantwortlich dafür, dass sie das bekommt, was sie braucht – und darum nimmt sie es sich.

Die Kaiserin verrät nicht all ihre Geheimnisse

Es ist eine seltsame Eigenschaft der Geheimnisse, sie verlieren ihre besondere Kraft, wenn sie erzählt werden. Insbesondere, wenn sie oft erzählt werden. Jedes Mal erzählen trägt Kraft ab. So werden aus Geheimnissen Banalitäten. Daher wählt die Kaiserin sorgsam unter ihren Geheimnissen, welche sie erzählt und welche sie für sich behält. Besonders prüft sie, wem sie etwas erzählt und wem nicht. Sie prüft, ob derjenige überhaupt der Geheimnisse einer Kaiserin wert ist. Sie achtet auch darauf, warum sie es überhaupt erzählen will. Möchte sie nur ein wenig Aufmerksamkeit von Menschen, die keine wirklichen Freunde sind, oder geht es darum, etwas Wesentliches mit edlen Gleichgesinnten zu teilen? Geheimnisse sind Kostbarkeiten. Besonders gilt es für geheime Pläne und Ziele und Visionen, die die Kaiserin hat. Wenn sie zu oft von ihren Visionen spricht, verlieren sie die Kraft der Verwirklichung.

Die Kaiserin hat viele Chancen

Vielleicht beziehen sich ihre Chancen auf Männer, vielleicht auf Jobs, vielleicht auf Wohnungen oder auf etwas ganz anderes.

Manche Frauen halten an etwas fest, was ihnen keine Freude mehr macht, ihnen nicht entspricht oder schon lange nicht mehr stimmt. Sie harren in einem ungeliebten Beruf aus, bei einem ungeliebten Mann, in einer Stadt, in der sie sich nicht froh und frei bewegen können. Sie wagen den Schritt der Veränderung nicht. Aus Angst, dass dann alles noch schlimmer werden könnte, aus Angst, dann ganz allein dazustehen. Aus Angst, die eigene Unsicherheit und Hilflosigkeit zu erfahren.

Und wenn schon?

Die Kaiserin hat so viele Chancen. Jeder Moment ist voller Chancen. Beschränkungen von Möglichkeiten finden lediglich im Denken statt.

Was, wer stellt dich denn mit 45 noch ein? In deinem Alter, wie soll das denn gehen? Mit zwei Kindern? Wo soll der Hund bleiben? Wer gießt die Blumen? Wer putzt die Treppe?

Entschuldigungen, etwas nicht zu wagen, finden sich immer. Ebenso Gründe, warum alles beim Alten bleiben soll. Der Verstand findet tausend Argumente, warum etwas sowieso keinen Sinn hat, wieso es besser wäre, alles beim Alten zu lassen. Und wer diesen Argumenten glaubt und so Augen und Ohren und das Herz verschließt, kann die Chancen gar nicht sehen, nicht riechen, nicht ahnen, ausprobieren und nicht wahrnehmen.

Die Kaiserin lässt sich nicht beschränken, weder in ihrem Denken noch in ihren Möglichkeiten. Sie sieht, die Welt steht ihr offen. In jedem Alter. Vielleicht auf unterschiedliche Weise und immer wieder verblüffend. Sie folgt dem, wohin es sie zieht.

Die Kaiserin traut sich

Manchmal ist es ein gewisses Risiko, etwas zu tun oder zu sagen. Vielleicht gucken alle komisch, oder es geht schief, und die anderen lachen über sie. Vielleicht aber war gerade das bisschen Mut der Wendepunkt, für ein neues Leben, für eine neue Stelle, einen neuen Freund.

Die Kaiserin traut sich, allein zu verreisen. Sie traut sich, die verweinte Nachbarin anzusprechen, den hübschen Nachbarn zum Essen einzuladen, sie traut sich, nein zu sagen, auch wenn sie dadurch so genannte Freunde verliert. Sie traut sich, den Hörer aufzulegen, wenn sie das Gespräch nicht mag, sie traut sich, den schönen Mann anzusprechen. Sie traut sich dazwischenzugehen, wenn sie sieht, wie jemand Schwächerer verprügelt wird. Sie traut sich, sie selbst zu sein. Manchmal, wenn ihr der Mut zu fehlen scheint, fragt sie sich, was kann schlimmstenfalls passieren? Sie weiß, bereuen wird sie nur die Chancen, die sie nicht ergriffen hat, die Dummheiten, die sie nicht gemacht hat. Nie wird sie bereuen, dass sie sich getraut hat. Daher: Die Kaiserin traut sich!

Dieses Mantra kann helfen, wenn die Kaiserin etwas vor sich hat, wofür sie ihren ganzen Mut zusammennehmen muss. Vielleicht das erste Mal vorsprechen, ein wichtiges Gespräch führen, sich um eine neue Stelle bewerben.

Die Kaiserin ist großzügig

Wer alles kleinlich dreimal rechnet, jeden Cent zählt, penibel nachrechnet, wer wie viel zu bezahlen hat, der macht sich selbst klein und eng. So werden die eigenen Gedanken, das Herz und die Möglichkeiten eng und der Horizont beschränkt. Die Kaiserin weiß davon. Darum gibt sie ihr Geld großzügig aus. Sie leistet sich prächtige Kleider, gutes Essen und persönliche Reisen. Sie lädt ihre wenigen edlen Freunde zum Essen ein, fördert Kinder und Projekte, an die sie glaubt. Sie genießt ihr Leben, sie weiß, Geld muss fließen, wie alles andere auch. Am Ende kann sie sowieso nichts mitnehmen, und wer weiß, wann das Ende kommt. Großzügig verzeiht sie sich alle Fehler, die sie gemacht hat. Großzügig sieht sie über kleine Schwächen ihrer Mitmenschen hinweg. Großzügig macht sie einen Bogen um Menschen, die sie nur ausnutzen wollen. Großzügig überhört sie die Worte der Versicherungsvertreter, die aus der Angst vor der Zukunft Kapital ziehen wollen.

Die Kaiserin lebt das, was ist. Sie weiß, Großzügigkeit hat nichts mit der Menge des Geldes zu tun, das ihr zur Verfügung steht. Geld ist ihr kein Selbstzweck, sondern lediglich ein Werkzeug. Sie kann ihre Freundin ins Drei-Sterne-Restaurant einladen oder zur Brotzeit auf die Wiese. Sie kann ein Fest feiern und hundert Menschen einladen, wenn sie Freude daran hat, oder sie kann ihr letztes Brot mit den hungrigen Wintermöwen teilen. Wo ist der Unterschied?

Die Kaiserin zweifelt nicht

Die Kaiserin zweifelt nicht. Sie zweifelt nicht an ihren eigenen Kräften und Möglichkeiten.

Die Kaiserin zieht ihre eigenen Entscheidungen nicht in Zweifel. Die Kaiserin zweifelt nicht daran, dass sie eine Kaiserin ist. Die Kaiserin zweifelt nicht daran, dass sie ein selbst gestecktes Ziel erreichen kann.

Seltsamerweise geht von Zweifeln, obwohl sie so zerstörerisch sind, eine gewisse Faszination aus. Gedanken des Zweifels scheinen irgendwie verführerisch. Ich kann das nicht, nie werde ich …, ich bin zu schwach …, wie soll ich das schaffen? Solche Gedanken des Zweifels können ganze Projekte gefährden. Sind sie dann auch noch vor anderen ausgesprochen, tun sie ihr unheilvolles Werk auch noch dort.

Wem Zweifel an den eigenen Fähigkeiten entgegengebracht werden, der muss sehr selbstbewusst, stark und konsequent sein, damit diese Zweifel sich nicht breitmachen. Zweifel wuchert wie Unkraut, Zweifel bildet tiefe Wurzeln, Zweifel ist giftig und zerstörerisch.

Die Faszination für den Zweifel mag damit zusammenhängen, dass die meisten von uns den Zweifel das erste Mal in der Kindheit kennen lernten. Du kannst das nicht, sagte die Mutter und nahm dem kleinen Mädchen die schöne Tasse aus der Hand, aus Furcht, die Tasse könnte runterfallen und zerbrechen. (Aber was ist eine zerbrochene Tasse gegen eine selbstbewusste Tochter?) In der Kindheit war der Zweifel über unsere Fähigkeiten bestenfalls damit verbunden, dass jemand, der uns liebte, das, was wir gerade tun wollten, für uns erledigte.

Manche Frauen knüpfen immer noch daran an: Liebster, die Glühbirne ist kaputt. Er von seiner Zeitung her brummend: Dann wechsle sie doch aus. Sie: Das kann ich nicht. Er: Doch, das kannst du. Sie: Ich fürchte mich vor allem, was mit Elektrizität zu tun hat. Er seufzt, sagt ach, mein Häschen, und wechselt die Birne bei nächster Gelegenheit aus.

Mag sein, dass die Zweifel geknüpft waren an eine Zeit, die mit Hilflosigkeit und Geborgenheit verbunden war. Nun führen Zweifel aber dazu, dass die Frau sich klein macht, kleiner als sie ist. Dabei geht Energie verloren. Ich kann das nicht, gedacht oder laut ausgesprochen, und die ganze Energie fällt zusammen. Die Kaiserin lässt keine Zweifel zu. Die Kaiserin kann. Daran gibt es überhaupt keine Zweifel. Die Kaiserin zweifelt nicht an ihren Fähigkeiten, nicht an ihren Möglichkeiten, nicht an ihrer Ausstrahlung, nicht daran, dass sie eine Kaiserin ist. Die Kaiserin ist in jeder Hinsicht wunderbar und fähig.

Was wirklich und objektiv ihre Fähigkeiten übersteigt und wozu sie keine Lust hat, das überlässt sie getrost den Handwerkern.

Die Kaiserin ist eine Kaiserin ist eine Kaiserin ist eine Kaiserin

Was auch immer geschieht, was auch immer zu ihr gesagt wird, was auch immer andere von ihr denken, sie weiß, sie ist eine Kaiserin. Dieses Wissen kann ihr niemand nehmen. Sie selbst hat die Gewissheit, dass sie selbst unabhängig ist, selbst weiß, was für sie am besten ist, selbst entscheidet, sich selbst auf den ersten Platz setzt.

Großzügig gönnt sie sich von allem das Beste. Sie ist schamlos, sie ist vermessen, sie lacht über sich selbst, sie hat wahre Größe, sie ist die Kaiserin in ihrem Reich. Wer das nicht akzeptiert, kann gehen.

Sie folgt ihren eigenen inneren Gesetzen, ihrer eigenen Wildheit, lebt ihre Fantasien und ist sich selbst eine Bereicherung. Sie tauscht sich mit anderen Kaiserinnen aus und lebt frei und selbstbestimmt ganz so, wie sie ist, eine Kaiserin.

Wenn Schwierigkeiten auftreten, wenn andere Menschen sie nicht als die erkennen, die sie ist, weiß sie selbst, sie ist eine Kaiserin. Sie sagt sich diesen Satz so oft, bis er in ihren Adern fließt und zu ihrem eigenen Fleisch geworden ist. Sie hat sich entschieden, sie lebt das, was in ihr ist und sie ist nur sich selbst Rechenschaft schuldig.

Elixiere

Das Leben einer Kaiserin ist aufregend und ungewöhnlich, und es besteht aus Höhen und Tiefen. Der Kaiserin ist kein Abgrund zu tief. Was immer ihr auf ihrem Weg begegnet: Sie versteht es, Hilfe in Anspruch zu nehmen. Sie weiß um die zwölf geheimnisvollen Elixiere aus der magischen Tradition Chinas. Es sind die Elixiere der Kaiserin.

Dieses Elixier der Kaiserin stärkt das Selbstbewusstsein, befreit von Liebeskummer und Besessenheit.

Vor langer Zeit, als in China die Anwesenheit von Geistern nichts Ungewöhnliches war, ersann Sun Simiao, der noch heute in China verehrte Arzt und Schamane, ein Elixier gegen Besessenheit und Besetztheit von Geistern.

Seltsamerweise hilft dieses Elixier nicht nur heute Menschen, die davon überzeugt sind, unter dem Einfluss von Geistern zu stehen – es hilft auch in jedem Alter gegen Liebeskummer.

Elixier No 1:

DAS ELIXIER, DAS JUNGE MÄDCHEN UNTER DEM KOPFKISSEN AUFBEWAHREN SOLLTEN

Hilfreich bei Identitätskrisen, Liebeskummer und Realitätsverlust, Tagträumen, wenn aus Liebeskummer der Alltag unbewältigbar wird. Oft ist dies von starker innerer Unruhe, Tränenausbrüchen, Herzklopfen und Schlaflosigkeit, Herpes, Mandelentzündungen, Blasenentzündungen und roter Zunge begleitet.

Es enthält rote chinesische Datteln, Angelikawurzeln, Ingwer, chinesische Zimtrinde und andere ungiftige chinesische Kräuter. Dieses Elixier füllt die Mitte und stabilisiert und lenkt die Gedanken der Kaiserin wieder auf das, was ihr selbst das Wichtigste ist, auf die Kaiserin selbst. Das Elixier wird eine Woche lang nach dem Essen getrunken.

Es hilft auch, wenn eine Frau sich emotional sehr geschwächt fühlt, zum Beispiel durch einen Verlust oder Trauerfall. Gegen Vampire, böse Geister und herumgeisternde Hun-Seelen.

Das Elixier stärkt das Selbstbewusstsein und füllt das Herz.

Dieses Elixier macht cool und klar.

So kann es kommen, sie will klar und unabhängig sein, aber dabei fühlt sie sich schwach und anlehnungsbedürftig. Was also tun? Das Elixier No 2 hilft gegen übersteigerte Liebesbedürftigkeit, Anhänglichkeit und Hang zur Selbsterniedrigung. Es reinigt und entschlackt den Körper.

Elixier No 2:
DIE KÜHLE GÖTTIN

Hilfreich bei Schwachheit, emotionaler Abhängigkeit, Hang zur Selbsterniedrigung, Gier, Heißhungerattacken. Oft auch unreiner, fettiger Haut, fettigen Haaren, feuchten, kalten und klebrigen Händen, Ausfluss, Pilzen, Blasenentzündungen, unangenehmem Mundgeschmack, Nebenhöhlenproblemen, Heuschnupfen, Halsentzündungen und bei unangenehmem Körpergeruch. Die Betroffenen fühlen sich meist »verschlackt« und »schwer«. Dieses Elixier entfernt das Trübe. Es hilft gegen Klebrigkeit und feuchte Wärme. Es leitet Feuchtigkeit und Hitze aus und reinigt und macht cool und klar.

Das Elixier vermindert die sexuelle Begierde, ohne die Essenz zu schädigen. Dadurch kann es leichter fallen, sich von einen Liebhaber zu trennen, der einem nicht gut tut. Oder aber sich davor zu schützen, immer wieder auf denselben Mann hereinzufallen. Hilft auch in Zeiten der Einsamkeit, die man sich nicht selbst ausgesucht hat. Dieses Elixier hat außerdem eine leicht Appetit-mindernde Wirkung.

Dieses Elixier soll vor dem Essen eingenommen werden.

Es ist sinnvoll, als Unterstützung alle Nahrungsmittel, die Feuchtigkeit und Hitze im Körper begünstigen, zu meiden und solche, die Feuchtigkeit ausleiten, großzügig zu verwenden.

Feuchtigkeit machen: Eis, Bier, Süßigkeiten, Kuchen, Milchprodukte.

Hitze bewirken: Rotwein, scharfe Gewürze, rotes Fleisch.

Feuchtigkeit ausleiten: Kürbisse, Melonen, Hirse.

Die kühle Göttin hilft, nicht auf jede Verführung hereinzufallen und zuzugreifen. Gibt Distanz.

Dieses Elixier stärkt die individuelle und unverwechselbare Ausstrahlung.

»Jetzt ist es so weit, ich möchte das Leben genießen, meine Schönheit zeigen, duften und verführen. Einfach, weil es Freude macht. Die Welt ist schön, und ich bin es auch.«

Ausstrahlung und Duft kommen von innen. Manche Menschen gehen anderen »unter die Haut«. Dabei erreicht kein Parfüm so die Tiefe wie der eigene unverwechselbare Duft. Darum wird dieses Elixier auch das innere Parfum genannt.

Elixier No 3:

DUFTELIXIER

Dieses Elixier stärkt die individuelle, unverwechselbare Ausstrahlung. Es lässt einen angenehm magischen Duft von innen her entstehen. Es wirkt besonders gut in Anschluss an No 2, dem Elixier der kühlen Göttin. Es klärt die Haut im Gesicht von innen her, macht schön und gibt einen frischen Teint. Bringt das innere Leuchten nach außen. Hilfreich bei mangelnder Ausstrahlung und Unscheinbarkeit. Die No 3 steht auch für Spaß, Kreativität, Geselligkeit und Freude am Menschsein.

Dreimal täglich nach dem Essen trinken. Nach einer Woche tritt dann die Wirkung ein. Besonders gut in Anschluss an die Menstruation. Falls feuchte Hitze vorhanden ist, zuvor das Elixier kühle Göttin als Kur trinken. Dann erst das Duftelixier.

Es ist sinnvoll, während der Einnahme wenig Fleisch, besonders kein Schweinefleisch (wer darauf achtet, kann am Geruch der Menschen erkennen, wenn sie viel Schwein essen), Wurstwaren und Fast Food zu sich zu nehmen, denn diese Nahrungsmittel haben einen ungünstigen Einfluss auf den Körpergeruch. Feuchtigkeit ausleitend wirken Kürbisse. Viel frische Luft, Sauna.

Es entfernt Feuchtigkeit, bringt das Blut zum Strömen und leitet die Energie nach oben ins Gesicht. Es öffnet alle Meridiane und bewirkt, dass das Qi überall hinfließt. Verknotungen werden gelöst. Das Mingmen Feuer wird angeregt, und das Qi bis an die Oberfläche gebracht. Die Nieren reichen so bis an die Haut und tragen den eigenen Duft nach außen.

Dieses Elixier stärkt das Yin und kühlt aufloderndes Feuer. Es unterstützt die Kaiserin dabei, wieder zu sich zu kommen. Es erleichtert Entspannung und Meditation bei innerer Unruhe und Gedankenflucht.

Hilfreich, wenn man gescheitert ist oder verlassen wurde, bei existentiellen Krisen, Ängsten, schwacher Willenskraft, schlechtem Gedächtnis, Fahrigkeit und Schlaflosigkeit.

Elixier No 4:

ZINNOBERELIXIER, UM IN DIE TIEFE ZU TAUCHEN

Dieses Elixier eignet sich zur Meditationsunterstützung.

Das Elixier No 4 wirkt gegen aufloderndes Herzfeuer, Unruhe, Angstzustände und Schlafstörungen. Es stärkt das Yin und erdet. Es mäht alle überflüssigen und abgehobenen Gedanken ab, hilft, sich zu zentrieren und am Boden anzukommen. Es hilft der Kaiserin, wieder zu sich selbst und zur inneren Ruhe und Aufmerksamkeit zu finden. Illusionen und Träume können als solche erkannt werden.

Zur Meditationsunterstützung vor der Meditation.

Für die Krise:
Man hat verloren, ist rausgeworfen, übergangen oder verlassen worden, ist gescheitert oder erfüllt die Anforderungen der anderen nicht.

No 4 wirkt stark abkühlend, ist sehr bitter und daher nicht für die Daueranwendung gedacht. Nicht mehr als drei Tagesportionen in Folge. Wer ständig friert, sollte No 4 vorsichtig antesten.

Zur Meditationsunterstützung direkt vor der Meditation. Zur Beruhigung vor dem Essen.

Unterstützend:
Sich auf das Wesentliche konzentrieren, alle zerstreuenden Aktivitäten für eine Zeit weglassen, kein Fernsehen, keine Zeitungen und Zeitschriften, nicht ans Telefon gehen, für eine Zeit volle Supermärkte und Kaufhäuser meiden. Während der Einnahme von No 4 auf Alkohol, rotes Fleisch und scharfe Gewürze verzichten. Früh schlafen gehen.

Das Elixier No 4 wirkt austrocknend und abkühlend; gegen Völle und Hitze im Körper. Es tonisiert Leber und Nieren und stärkt das Yin. Positive Wirkungen auf Menstruationsstörungen und träge Verdauung, blutbildend.

Dieses Elixier hilft, die eigenen Kräfte gezielt und flexibel einzusetzen und auf äußere Schwierigkeiten gelassen und strategisch zu reagieren, anstatt körperliche Beschwerden zu entwickeln.

Im Frühjahr steigen naturgemäß die Yangkräfte an, das erste Grün bricht aus, neue Pflanzentriebe zeigen sich, die Tage werden heller, und die Rufe der Frühlingsvögel dringen tief ins Herz – Aufbruchstimmung. Doch nicht immer können wir, wie wir eigentlich wollen. Vorbehalte, Ängste und Verstrickungen und das Qi können nicht frei fließen.

Elixier No 5:
DER BIEGSAME BAMBUS

Hilfreich bei Gereiztheit und Wut, Stimmungsschwankungen, unentfaltetem kreativem Potential, Perspektivlosigkeit, PMS, Orgasmusschwierigkeiten, Migräne, bitterem Mundgeschmack, Verdauungsstörungen, Spannen der Brüste, Schwierigkeiten beim tiefen Durchatmen und dem Gefühl, aus der Haut fahren zu wollen.

Der biegsame Bambus harmonisiert Holz und Erde. Eine Disharmonie dieser Kräfte zeigt sich oft als Zyklusstörung. Das Elixier No 5 kann allen Frauen helfen, die unter der Herrschaft des Blutes stehen, also im Leben zwischen Menarche (erste Menstruation) und Menopause (letzte Menstruation). Bei allen Problemen mit dem Zyklus und der Menstruation kann der biegsame Bambus sinnvoll sein. Er verhilft der Leber zu geschmeidigem Arbeiten und versorgt die Milz mit neuem Blut. No 5 hilft auch gegen sinkenden Hormonspiegel.

Einnahmeempfehlung
Idealerweise wird der biegsame Bambus zwei Zyklen hintereinander getrunken. Jeweils die beiden Wochen zwischen Eisprung und Menstruation. Die Kaiserin beginnt mit der Einnahme in der Mitte des Zyklus und trinkt den Tee zwei Wochen lang. Im Folgezyklus sollte die Einnahme wiederholt werden. Einnahme vor dem Essen, bei Magenempfindlichkeit nach dem Essen.

Der Tee wird zwanzig Minuten mit einigen Scheiben frischem Ingwer gekocht. Ganz zuletzt zwei Beutel Pfefferminztee in der heißen Brühe kurz aufkochen und ziehen lassen.

Unterstützende Maßnahmen:
Viel Bewegung, Zeit für eigene Kreativität nehmen, Spaziergänge, Sport, Alkohol meiden.

Frauen zwischen Menarche und Menopause neigen leicht zur Blutleere. Während der Menstruation wird die Blutleere deutlicher. Blutleere äußert sich durch Erschöpfung. Wenn noch eine Stagnation des Leber-Qi dazukommt, ergibt sich die gereizte Erschöpfung. Die Gereiztheit steht bei No 5 im Vordergrund.

Wirkung der einzelnen Pflanzen:
Die enthaltene Angelikawurzel ist die Lieblings- und Universalfrauendroge, sie tonisiert das Blut. Die weiße Paeonienwurzel wirkt auf das Holz im Yin, macht die Leber weich und geschmeidig.

Dieses Elixier regt den Fluss der monatlichen Essenz an, löst Blockaden, wärmt den Unterleib und umgibt ihn durch die spirituellen Substanzen Myrrhe und Weihrauch mit einem starken Schutz. Löst Menstruationsschmerzen.

Ursprünglich standen den Frauen während der Menstruation alle Kräfte ihrer Weiblichkeit zur Verfügung. Jeder Frauenkörper »weiß« noch, dass die Menstruation eine machtvolle Zeit ist. Die Erinnerung an diesen Zustand ist noch gespeichert. Wenn die Kraft nicht gelebt wird, stockt der Fluss der Kraft. Die Menses versiegt oder verklumpt. Es entstehen Blockaden, und diese rufen sich durch Schmerzen in Erinnerung. Sie möchten erlöst werden.

Hilfreich für Menstruationsmagie, Liebeszauber, Ekstase und die Erfüllung von lang gehegten Wünschen, zur Vollendung weiblicher Macht und Wildheit. Dies ist das Elixier für richtige Hexen.

Elixier No 6:
ZINNOBERROTER FLUSS

Gerade während der Menstruation empfinden viele Frauen sich ungeschützt und leicht angreifbar. Böse Worte oder »schlechte Energien« treffen sie schmerzhafter als sonst. Das Elixier schützt auch vor unangenehmen Energien, es legt einen energetischen Schutzmantel um die menstruierende Frau, verantwortlich sind hierfür die Substanzen Weihrauch und Myrrhe.

Einnahmezeit: Vier Tage. Vor dem Essen.
Die Einnahme beginnt drei Tage vor der erwarteten Menstruation und kann in die Menstruation hineinreichen.

Unterstützende Maßnahmen:
Viel Bewegung, Bauchtanzen, reiten, Auszeiten genießen.

Dies ist ein besonders stark tonisierendes und energetisierendes Elixier. Es geht auf den großen Meister des Daoismus Ge Hong (er lebte vor 1700 Jahren) zurück. Zu seiner Zeit wurden diesem Rezept magische Wirkungen nachgesagt.

Hilfreich bei Erschöpfung, Kraftlosigkeit, Farblosigkeit, Überforderung, Gedankenkreisen, Jammern, Gewichtsproblemen, Schweregefühl, Infektanfälligkeit, schwachem Bindegewebe, »Zellulitis«, verkrampften Schultern und steifem Nacken, Burn out, chronischer Müdigkeit, Schwindel und Blutleere, kalten Füßen, Kältegefühl des Unterleibes.

Elixier No 7:
DAS ELIXIER, DAS DIE JUGEND ZURÜCKHOLT

Es stärkt das Leber-Yang, die Nieren und den Willen. Es regt den Stoffwechsel an und macht Appetit. Es ist Rücken-stärkend und hilft darum gegen Rückenschmerzen, die aus einer Überforderung (das schaffe ich nicht, ist zu schwer …), Abkühlung, Schwäche, schwachem Kreuz, schwachem unterem Rücken oder Kälte im Rücken entstanden sind.

No 7 stärkt nicht nur den Rücken, sondern auch das »Rückgrat«, gibt Power und Durchsetzungskraft. Es stabilisiert die Mitte, schafft Präsenz, macht jung und schön und tendenziell angriffslustig und hilft, mitten im Leben zu stehen.

Elixier No 7 ist für Frauen und Männer gleichermaßen geeignet. Es stärkt den erschöpften Liebhaber und intensiviert Orgasmen.

Einnahmezeit: Zweimal sechs Tage. Nach dem Essen.

Für ausgebrannte und völlig überarbeitete Frauen und Männer.

Ernährung, die unterstützend wirkt: Heiße Speisen aus dem Backofen, im Tontopf zubereitet, Getreide, Nudeln, Reis.

Meiden: Milchprodukte, Süßigkeiten, Bier.

Wichtig: Sich Zeit beim Essen nehmen, mit Genuss essen, nicht über Probleme beim Essen reden, nicht vorm Fernseher essen, nicht beim Zeitunglesen essen. Sich dem Genuss hingeben. Harmonische Atmosphäre und Umgebung beim Essen. Keine quälenden Diäten. Gelbes, orangefarbenes oder erdfarbenes Essgeschirr.

Dieses Elixier ist ein Aphrodisiakum, wenn alle Freude unter der Tristesse des grauen Alltags verloren gegangen ist.

Der Meißel, der Erstarrtes löst, ist ein altes Rezept, das ursprünglich gegen früh ergraute Haare eingesetzt wurde. Gegen graue Haare und »Leichenbittermiene«. Die Chinesen nannten das Rezept »Es macht die Haare wieder schwarz«. Wahrscheinlich wurde es für diese Wirkung über eine längere Zeit eingenommen.

Hilfreich bei Trauer, Isolation, Ernüchterung, sexueller Lustlosigkeit, Unfähigkeit, Freude zu empfinden, Erstarrung und Unflexibilität, trockenen Augen, trockener Nase, sprödem Haar und trockenen Genitalien, dem Syndrom des »kalten Unterleibs« mit Frigidität, Unfruchtbarkeit und Verstopfung.

Elixier No 8:
MEISSEL, DER ERSTARRTES LÖST

Dieses Elixier macht weich und empfänglich. Es ist ein Aphrodisiakum, wenn alle Freude unter der Tristesse des grauen Alltags verloren gegangen ist. Es befeuchtet Haut und Genitalien, macht weich und geschmeidig und gibt Spannkraft. Es füllt die Essenz und verbessert die Libido.

Dieser energetische Zustand kann auch durch eine länger andauernde erschöpfende Lebenssituation entstanden sein, wie zum Beispiel durch Nachtarbeit oder viele Kinder, die nachts schreien und herumgetragen werden wollen, statt zu schlafen.

Elixier No 8 sollte dreimal täglich vor dem Essen getrunken werden.

Unterstützend:
Zusätzlich viel warmes Wasser trinken, keine scharfen Gewürze, kein Alkohol.

Dieses Elixier füllt das Leber-Yin und das Nieren-Yin. Das ist auch der Grund, weshalb die Chinesen es gegen frühzeitig ergraute Haare einsetzten. Es füllt die Essenz aus, verbessert die Libido und befeuchtet die Genitalien. Es stärkt den unteren Erwärmer und wirkt als Aphrodisiakum. Entstanden ist die Situation dadurch, dass die Lunge, durch das Festhalten an der Trauer, Traurigkeit oder Enttäuschung, das Yin nicht nähren kann (es kann nicht bis in die Wurzeln fließen und wird trocken).

Dieses Elixier wirkt hautbefeuchtend und nährend. Gleichzeitig hebt es Stimmung und Energie und bringt so gezielt Nährstoffe ins Gesicht.

Dieses Elixier hat Sun Simiao für die Kaiserin Wu Zhao erdacht. Es sollte ihre Schönheit und Ausstrahlung verstärken und ihr zu volleren Lippen verhelfen. Dieses Elixier wirkt als Aphrodisiakum.

Hilfreich bei gedrückter, trauriger Stimmung, wenn der graue Alltag die Oberhand erlangt und das Leben völlig reizlos erscheint und dies den Betroffenen anzusehen ist. Zusätzlich ist das allgemeine Energieniveau sehr niedrig. Oft auch grauer, trockener Teint und schmale, welke Lippen mit Knitterfältchen. Kann auch vor der Party an die Gäste ausgeschenkt werden. Für Freude, Magie und Liebeszauber.

Elixier No 9:

TONIKUM FÜR VOLLE LIPPEN

Das Tonikum für volle Lippen verbessert die Durchblutung im Gesicht. Es hebt die Energie und bringt gezielt Nährstoffe ins Gesicht. Nach der ersten Einnahme kommt es zu einem deutlichen Prickeln um die Lippen. Es öffnet das Herz.

Einnahmeempfehlung:
Sechs Tage dreimal täglich das Tonikum für volle Lippen nach dem Essen trinken. Oder für die Party eine Tagesmenge pro Person.

Unterstützende Maßnahmen:
Gesichtsmassage, Spaziergänge an frischer Luft, das Gesicht mit kalten Wasser waschen, Grimassen schneiden, dabei alle Gesichtsmuskeln bewegen, viel küssen, viel lachen, lustige Filme, Bücher und Comics angucken.

Das Tonikum für volle Lippen wirkt Blut tonisierend, Energie regulierend, durchblutungsfördernd und reinigend. Es öffnet das Herz und macht empfänglich für die Seelenqualität der Mitmenschen. Es bringt die Energie nach oben und nach außen.

Dieses Elixier gibt Ruhe und Kraft und erneuert die tiefen Kraftreserven. Es stärkt das Yin, füllt die Essenz auf. Es wirkt besonders gut im Herbst und Winter, weil das die Zeit ist, in der naturgemäß das Yin aufgefüllt wird: Durch die größere Dunkelheit und zunehmende Kälte werden die Aktivitäten weniger, man sitzt mehr am Ofen, geht früher schlafen, einige Tiere halten Winterschlaf. Doch unsere moderne Lebensweise entspricht dem kaum noch.

Hilfreich bei Ängstlichkeit, innerer Unruhe, Genervtheit, seelischer Schwäche, Ausgelaugtheit, frühzeitigem Ausbleiben der Periode in den Wechseljahren. Auch bei nächtlichem Schwitzen, trockenem Stuhl, Haarausfall und stark abfallenden Hormonspiegeln mit Symptomen wie trockenen Genitalien und abnehmender Knochendichte. Ohrgeräusche oder schlechtes Hören, schlechtes Gedächtnis, ziehende Rückenschmerzen. Dies ist das Elixier für den zweiten Frühling.

Elixier No 10:
DER TIEFE BRUNNEN WIRD GEFÜLLT

Dieses Elixier stärkt das Yin und verwurzelt.

Es füllt die Yin-Leere im Unterleib, indem es das leere Feuer zum Absacken bringt.

Es ist hilfreich bei Ängstlichkeit und innerer Unruhe, die ein Zeichen für Yin-Mangel sind. Ebenfalls hilfreich bei Genervtsein und seelischer Schwäche, Ausgelaugtsein und dem frühzeitigen Ausbleiben der Periode in den Wechseljahren.

Auch bei nächtlichem Schwitzen, trockenem Stuhl, Haarausfall und stark abfallenden Hormonspiegeln mit Symptomen wie trockenen Genitalien und abnehmender Knochendichte, Ohrgeräuschen oder schlechtem Hören, mangelnder Gedächtnisfähigkeit, ziehenden Rückenschmerzen.

Einnahmezeit:
Zwei bis vier Wochen. Nach dem Essen.

Unterstützende Maßnahmen:
Früh schlafen gehen, meditieren, viel warmes Wasser trinken.

Die Lunge ist die obere Quelle des Yin, sie hat naturgemäß die Aufgabe, das aufgenommene Qi vom höchsten Punkt runter in die Tiefe der Nieren zu bringen. Im Herbst mit seiner Trockenheit ist die Energie der Lungen durch Austrocknung oft geschwächt, Zeichen davon sind Husten und ein welkes und ausgelaugtes Erscheinungsbild, Fältchen zeigen sich oft erstmalig im Herbst. Viele Pflanzen, die im Herbst eingehen, erfrieren nicht, sondern sie vertrocknen regelrecht. Die Luft ist trocken, die Blätter (die Lungen der Pflanzen) werden welk, sie können keine Feuchtigkeit mehr aufnehmen, der Boden ist zu trocken oder gefroren, und die Pflanze kann keine Nahrung, keine Feuchtigkeit mehr aufnehmen. Im Elixier No 10 sind daher viele Kräuter für die Lunge enthalten. So wird die Funktion der Lunge gestärkt, das Qi herunter in die Nieren zu bringen und das Yin aufzufüllen.

Das Elixier löst Blockaden und kühlt überschüssige Hitze.

Aufbruchsstimmung und Tatendrang. Nicht nur der Frühling lässt Säfte und Energien ansteigen, auch die Wechseljahre sind ein Frühling – einer, der es in sich hat. Die Wechseljahre stellen eine Herausforderung dar, Konventionen aufzubrechen und ein neues Leben zu beginnen.

Bleibt alles beim Alten, kommt es oft zu zahllosen körperlichen Beschwerden: Hitzewallungen, Schweißausbrüchen, Depressionen, juckenden Genitalien, Nachtschweiß, Schlafstörungen, dem Gefühl der Leere, rheumaartigen Gelenkbeschwerden, Sensibilitätsstörungen, bei Gereiztheit und Stimmungsschwankungen.

Hilfreich, um den Herausforderungen der Wechseljahre mutig zu begegnen.

Elixier No 11:
DIE KAISERIN REITET DEN DRACHEN

Revolution statt Hitzewallung. Für feurige Hausdrachen und biestige Hexen.

Alle Beschwerden der Wechseljahre sind Erinnerungen an den bevorstehenden Aufbruch, Rufe des inneren Wesens nach Veränderung.

Manchmal gelingt es nicht so leicht, die notwendigen Veränderungen umzusetzen, vieles erscheint kompliziert, festgefahren und unter Feuer.

Bei diesem Prozess der Umsetzung kann das Elixier: »Die Kaiserin reitet den Drachen« unterstützen und Mut machen.

Es hilft bei Beschwerden, für die sonst der Biegsame Bambus passend wäre, wenn nicht die starke Hitze dabei wäre. Das Elixier No 11 ist die Drachenvariante vom Biegsamen Bambus.

Es senkt Feuer in Herz und Leber ab. Kühlt Hitze. Verteilt das Qi. Energieblockaden werden gelöst. Es ist das Hauptelixier für Frauen, die sich selbst verbissen, biestig und zickig fühlen. Die Energien, die nicht frei fließen können, werden durch dieses Elixier in Fluss gebracht.

Wechseljahre mit Hitzewallungen, Biestigkeit, festgefahrenen Situationen, Aufbruchstimmung und noch nicht wissen, wohin. Gut im Frühjahr.

Ausschlusssituation:
Wie alle Elixiere sollte dieses nicht bei Schwangerschaft, Krankheiten oder Zweifeln getrunken werden. Nicht für die dauernde Anwendung gedacht.

Einnahmeempfehlung:
Sechs Tage, jeweils nach dem Essen. Noch besser ist eine vierwöchige Kur, die ein bis zweimal im Jahr wiederholt werden kann.

Unterstützende Maßnahmen:
Viel Bewegung an frischer Luft. Erhitzende Speisen wie scharfe Gewürze und rotes Fleisch meiden, Alkoholkonsum reduzieren oder ganz darauf verzichten. Meditation, Qigong-Übungen.

Dieses Elixier stärkt Yin und Yang. Er ist tiefschwarz wie der dunkle, geheimnisvolle Sumpf, aus dem der Lotos schneeweiß und unbefleckt herauswächst.

Es macht stark und klar und hilft, zwischen Wesentlichem und Unwesentlichem zu unterscheiden. No 12 stärkt das Herz, und hilft, großzügig zu denken und zu handeln.

Es ist für Frauen und Männer gleichermaßen geeignet.

Gegen Angst, Mutlosigkeit und Depression nicht nur im Alter.

Elixier No 12:

DER WEISSE LOTUS

Elixier No 12 enthält nur zwei Zutaten und ist in seiner Wirkungsweise klar und stark. Der weiße Ginseng steht für das Yang, die aufsteigende Energie. Das schwarze Rehmania stärkt das Yin. Rehmania ist blutbildend und Nierenstärkend.

No 12 ist gut geeignet in einer Situation der Erschöpfung, Verwirrung und Ängstlichkeit. Die Erschöpfung besteht eher auf der geistigen Ebene. Wenn der Mensch eine geistige Stärkung braucht. Der weiße Lotus, der Namensgeber dieses Elixiers, wächst rein und klar aus dem dunklen Sumpf.

Das Elixier No 12 gehört zu den Stärkungsmitteln.

In der chinesischen Medizin ist es selbstverständlich, Stärkungsmittel einzunehmen und damit die Lebenskraft zu erhalten. Viele Menschen verbrauchen meist schon in jungen Jahren einen großen Teil ihrer Ursprungsenergie. Wenig Schlaf, Stress und vor allem Ängste fressen Lebensenergie. Angst frisst Essenz. Neben gezielten Übungen wie Tai-Chi, Qi Gong, Meditation und richtiger Ernährung können daher Tonisierungsmittel helfen, die Lebensenergie zu erhalten.

Empfohlen wird eine Kur von vier Wochen, die sich mehrmals im Jahr ohne Schaden wiederholen lässt.

Unterstützend wirken Meditation, allgemeine Reizreduktion und der berühmte »Schlaf vor Mitternacht«. Ergänzend ist zu sagen, dass die chinesischen Klassiker empfehlen, im Winter früh ins Bett zu gehen und spät aufzustehen.

Am Ende

Und wenn ...

Was, wenn ich spüre, dass ich keine Kaiserin bin, was, wenn mir bewusst wird, dass ich Freude daraus ziehe, über andere zu bestimmen, wenn ich Angst habe, freie Entscheidungen zu treffen, Angst habe, den Job zu kündigen, der mich krank macht, Angst habe, mittellos dazustehen, Angst, diesen Mann zu verlassen, den ich nicht mehr liebe und der mich nicht liebt, der mir neben Missachtung und ab und zu schlechtem Sex immerhin ein schönes Haus bietet, was, wenn mir all die Sätze der Kaiserin Angst machen, ich sie wegschieben möchte, sie mich erinnern an etwas, was ich in mir habe, aber tief verschlossen und verriegelt ist, was, wenn es sowieso schon zu spät ist?

Du kannst Kaiserin sein, wenn du dich dafür entscheidest. Du hast die Kaiserin in dir. Du kannst dich jetzt dafür entscheiden. Genau jetzt.

Du bist völlig frei. Du kannst das Buch weglegen, und das war's.

Aber wahrscheinlich kannst du genau das nicht. Dafür ist es zu spät.

Vielleicht wirst du alles verlieren, vielleicht werden andere dich für verrückt halten, dir Undankbarkeit vorwerfen ... Vielleicht wirst du vorübergehend in einem Meer von Tränen und Schmerz versinken. Aber es wird dein Schmerz sein. Deine Tränen. Deine Entscheidung. Dein Leben!

Sonst noch:
Das Forum zum Austauschen mit anderen Kaiserinnen: www.zinnoberfluss.de

Zum Bestellen der Elixiere und zum Bestellen der Kartensets ebenfalls die Website: www.zinnoberfluss.de

Bestellungen auch telefonisch unter der Hamburger Telefonnummer: 040-380 67 86

Zum Weiterlesen:
Mehr über die Kaiserin, mehr darüber, wie das Kaiserin-Sein gelingen kann, mehr Hintergründe und Wissen über die chinesische Medizin in dem Buch, das inzwischen ein Klassiker ist: »Der Weg der Kaiserin«, von Christine Li und Ulja Krautwald, Scherz-Verlag (gebundene und bebilderte Ausgabe 2000) und als Taschenbuchausgabe bei Droemer Knaur 2003.
Und für die Männer und alle Frauen, die mehr über Männer und sich selbst erfahren möchten: »Donner, Wind und Berg«, Scherz-Verlag 2004 und als Taschenbuch bei Droemer Knaur 2006. Mehr über chinesische Medizin für die praktische Anwendung: »Chinesische Medizin für den Alltag«, Christine Li, Gräfe und Unzer, August 2006.

Warnung: Das hier dargebotene Material (Strategien, Karten und Elixiere) ersetzt nicht den notwendigen Besuch beim Arzt.

Die genaue Zusammensetzung der Elixiere steht in in dem Buch: »Der Weg der Kaiserin«. Normalerweise sollten Sie die Elixiere in Apotheken, die chinesische Kräuter führen, kaufen können. Bestellen lassen sich die Elixiere als Kräuter über die Seite www.Zinnoberfluss.de oder unter der Hamburger Telefonnummer: 040-380 67 86

Gesundheitshinweise:

1. Die Elixiere der Kaiserin sind traditionelle Mittel zur Nahrungsergänzung bei ansonsten ausgewogener und gesunder Lebensweise und Ernährung. Zur Selbstbehandlung von Krankheiten sind diese Elixiere nicht geeignet. Bei bestehenden Krankheiten oder Verdacht auf eine Erkrankung oder Missbefindlichkeiten gleich welcher Art können sie ärztlichen Rat nicht ersetzen.

2. Die Dosierung der Kaiserin-Elixiere ist für erwachsene und gesunde Frauen und Männer konzipiert. Sie sollte nicht erhöht werden. Genauso wenig sollten die Elixiere in weniger als der angegebenen Zeit eingenommen werden.

3. Bei Unklarheit darüber, welches Elixier am besten geeignet ist, können ÄrztInnen für chinesische Medizin helfen. Niemals sollten mehrere Elixiere gleichzeitig eingenommen werden.

4. Bei Unverträglichkeiten oder Unsicherheiten gleich welcher Art während der Einnahme sollte das Kaiserin-Elixier oder das Schamanen-Elixier zunächst abgesetzt und eine Ärztin/Arzt konsultiert werden.

5. Bei Schwangerschaft und während des Stillens sollten die Elixiere der Kaiserin und die Elixiere des Schamanen nicht eingenommen werden.

6. Kaiserin-Elixiere und Schamanen-Elixiere sind für Kinder nicht geeignet.

Die Zubereitung chinesischer Kräutertees

Die im Buch aufgeführten Elixiere entstammen der esoterischen Tradition innerhalb der chinesischen Medizin. Sie haben sich über Generationen bewährt und sind jahrelang in ärztlicher Praxis getestet.

Der Kaiserin dienen Krankheiten und Beschwerden dazu, sich selbst zu erkennen und weiterzuentwickeln. Die Elixiere dieses Buches sollten nicht als Medikamente gegen bestimmte Krankheiten, sondern eher als Nahrungsergänzungsmittel betrachtet werden. Dennoch sollten sie ohne Rat eines Spezialisten oder einer Spezialistin auf keinen Fall länger als vier Wochen eingenommen werden. Wenn ein Elixier danach keine Wirkung gezeigt hat, empfiehlt es sich, professionelle Behandlung in Anspruch zu nehmen. Ein Arzt für chinesische Medizin kann komplizierte Probleme präziser und individueller analysieren als unsere Vorschläge, die notgedrungen allgemein gehalten sind.

Während der Zeit, in der die Elixiere getrunken werden, ist es sinnvoll, auf schwer verdauliche, fettige und stark gewürzte Nahrungsmittel sowie auf Alkohol zu verzichten. Sport hingegen ist immer gut!

Chinesische Kräuter bestehen meist aus Wurzelteilen, Pflanzenstängeln, Blättern, Blüten, Früchten und Rinde verschiedener Pflanzen. Bereits das Hantieren mit diesen fremden und vielfältigen Substanzen kann eine subtile Wirkung haben. Wer offen für die ungewohnten Sinneseindrücke ist, dessen Augen, Hände und Nase werden aufregende Erfahrungen machen. Seltsame Düfte werden die Küche durchziehen, wenn der Sud gebraut wird. Geschmack und der Duft des fertigen Gebräus werden zunächst fremd und gewöhnungsbedürftig sein.

An dieser Stelle ein Hinweis: Die Autorin empfindet chinesische Kräuterelixiere als sehr wohlschmeckend, aber es soll nicht unerwähnt bleiben, dass es Menschen gibt, denen dieser Geschmack zunächst gar nicht zusagt. Dennoch sollte niemals versucht werden, die Tees durch Zugabe von Zucker oder anderen Substanzen zu verändern. Tatsächlich wurden diese Rezepte von ihren Schöpfern bewusst nach Duft und Geschmack zusammengestellt, in dem Wissen, dass bestimmte Düfte und Geschmacksrichtungen unmittelbar auf die komplizierten Mechanismen von Körper und Seele einwirken. Ein anderer Geschmack bedeutet daher auch eine andere Wirkung. Also: Der Geschmack ist seltsam und fremd, und das muss so sein!

Kräuterteemischungen sind Fertigpräparaten in jedem Fall vorzuziehen. Keine Kaiserin lässt sich das Vergnügen und den Duft der Zubereitung entgehen. Sie spürt die machtvolle Energie der chinesischen Kräuter. Hinzu kommt, dass bei Fertigpräparaten oft unklar bleibt, welche Ingredienzien wirklich verwendet wurden.

Die angegebenen Mengen sind – wenn nicht anders angegeben – für eine Woche gedacht.

Und: Es wird immer nur ein Elixier zur Zeit getrunken! Mischen verboten!

Grundsätzliche Zubereitung: Die Kräuter einweichen und zweimal hintereinander jeweils 20 Minuten auskochen, die abgeseihte Flüssigkeit aufbewahren. Die Wassermenge so wählen, dass sich, nach Einweichen und Verdunstungsverlust, ausreichend Brühe für die gewünschte Einnahmezeit (vier bis sechs Tage, dreimal täglich) ergibt.

Die Brühen aus den beiden Abkochungen werden miteinander vermischt und im Kühlschrank aufbewahrt. Vor der Einnahme einfach die entsprechende Teilmenge entnehmen und auf dem Herd oder durch Zugabe heißen Wassers leicht erwärmen. Keine Mikrowelle verwenden!

Ausführliche Anleitung:
Alle Kräuter mischen. Die Kräuter werden in einen Topf (am besten aus Ton, Emaille oder Edelstahl) mit ausreichend kaltem Wasser gegeben, sodass sie gut bedeckt sind, und mindestens 20 Minuten lang eingeweicht. Noch besser ist es, die Zutaten über Nacht einzuweichen. Anschließend werden sie im Einweichwasser zum Kochen gebracht und 20 Minuten, zugedeckt und auf kleiner Flamme, geköchelt. Wenn während des Einweichens oder Köchelns alles Wasser aufgesogen wird, muss rechtzeitig vor dem Anbrennen genügend Wasser nachgegossen werden.

Nach dem Kochen die Kräuter abseihen und die Flüssigkeit aufbewahren. Erneut Wasser auf die Kräuter gießen und noch einmal 20 Minuten köcheln lassen. Abseihen und anschließend beide Flüssigkeiten miteinander vermischen. Die gesamte Wassermenge sollte so gewählt werden, dass die erhaltene Teemenge für die Einnahmezeit ausreicht – pro Tag also zirka 300 ml. Die Elixiere dürfen auch verdünnt werden.

Die Kräuter können auf einmal zubereitet werden oder jeden Tag frisch. Die erste Methode spart Zeit. Die zweite ist wirkungsvoller, sinnlicher und ritueller – wie das Kochen einer frischen Mahlzeit.

Zubereitung für ein Woche:
Alle Kräuter einer Wochenration werden auf einmal zubereitet. Die erhaltene Flüssigkeitsmenge (zirka 1,5 Liter) kann bis zu sechs Tage im Kühlschrank aufbewahrt werden. Zum Einnehmen wird dreimal täglich etwas Sud erwärmt und vor oder nach dem Essen (siehe Rezept) getrunken. Dass die Kräuterelixiere nicht in der Mikrowelle erwärmt werden dürfen, versteht sich von selbst.

Entscheidend für die Wirkung ist die von uns angegebene Dosierung der einzelnen Kräuter und nicht die Wassermenge: Gleichgültig, wie viel Flüssigkeit beim Zubereiten entstanden ist, sollte daher die gesamte Teemenge innerhalb der angegebenen Zeit verbraucht werden.

Tägliche Zubereitung:
Die Wirkung ist besser, wenn das Elixier jeden Tag frisch zubereitet wird. Ein frischer Kräutersud ist immer besser als einer, der schon ein paar Tage im Kühlschrank gestanden hat. Die Wochenmenge wird für die tägliche Zubereitung in fünf bis sechs Einzelrationen aufgeteilt. Dabei sollte sorgfältig darauf geachtet werden, dass sämtliche Zutaten in allen Einzelrationen enthalten sind. Bei einzeln verpackten Kräutern empfiehlt es sich, die Kräuter zunächst nicht zu mischen, sondern jedes Kraut einzeln auf fünf bis sechs Häufchen zu verteilen. So macht es der chinesische Apotheker.

Ein weiterer Vorteil der täglichen Zubereitung ist, dass die Einnahme für ein paar Tage unterbrochen werden kann (zum Beispiel wegen einer akuten Erkältung oder unvorhergesehenen beruflichen Verpflichtungen), ohne dass die ganze Wochenportion verdirbt. Eventuelle Abweichungen in der Zubereitung werden bei den einzelnen Rezepten erwähnt. Wer einen Spezialisten für chinesische Medizin aufsucht, kann ebenfalls abweichende und individuell angepasste Anweisungen erhalten, die dann natürlich gelten. Nicht eingenommen werden sollten die Elixiere bei Krankheiten, auch nicht bei Fieber und Erkältungen. Wenn ein starker Widerwille gegen den Geschmack und Geruch eines Elixiers auftritt, ist es immer ein Hinweis, dass das betreffende Elixier zurzeit nicht das richtige ist. Bei Zweifeln und Unsicherheiten ist ebenfalls von der Einnahme abzuraten. Die, für die die Elixiere richtig sind, werden das ganz deutlich und ohne Zweifel erkennen.

Alle Strategien
und Elixiere auf einen Blick

Eins

Zwei

Zehntausend Dinge

PIPER

Franka Potente

Zehn

Stories. 176 Seiten. Gebunden

Was wird, wenn die schwangere Ikuko die Einzige in ihrer Fa-
milie ist, die sich eine Tochter wünscht? Warum gibt sich
die Witwe Frau Nishki so oft der liebevollen Zubereitung
ihres Lachs-Eintopfs hin? Wo endet es, wenn sich Miyu,
die heimlich in einem Nachtclub tanzt, in einen schüchternen
Polizisten verliebt? In ihren genauen, sensiblen Stories eröffnet uns Franka Potente den Blick auf die japanische Kultur
und die Menschen, denen sie dort begegnet ist. Und wenn
sie von dem Stolz einer Zeichnerin oder dem peinlichen Miss-
geschick eines jungen Ehepaars erzählt, lässt sie uns auf be-
stechende Weise an den Empfindungen und Gedanken ihrer
unverwechselbaren Figuren teilhaben.

01/1885/01/R

Miyamoto Musashi
Das Buch der Fünf Ringe

Klassische Strategien aus dem alten Japan. Aus dem Japanischen von Taro Yamada. 160 Seiten mit 23 Abbildungen.
Piper Taschenbuch

Unbesiegbar werden durch innere Meisterschaft – das ist die strategische Weisheit des legendären Samurai-Meisters Miyamoto Musashi (1584–1645). Wenige Wochen vor seinem Tod schrieb er seine Lebensessenz nieder im »Gorin-no-sho«, dem »Buch der Fünf Ringe«. Dieses Grundlagenwerk der Schwertkunst ist eine klassische Anleitung für strategisches Handeln: für Erfolg bei den täglichen Konflikten wie auch in der heutigen Berufs- und Arbeitswelt. Der sanfte Machiavelli des fernen Ostens in einer zeitgemäßen Übersetzung.

Tsunetomo Yamamoto
Hagakure

Der Weg des Samurai. Aus dem Englischen von Guido Keller. 142 Seiten. Piper Taschenbuch

»Nicht länger als sieben Atemzüge« soll es dauern, bis man eine Entscheidung getroffen hat, schrieb Tsunetomo Yamamoto vor dreihundert Jahren im »Hagakure« (»Hinter den Blättern«). Dieser Ehrenkodex für Samurais spielt eine eindrucksvolle Hauptrolle in Jim Jarmuschs Film »Ghost Dog«. In kurzen Kapiteln vermittelt das »Hagakure« Wahrheiten, die noch immer gültig sind. Ähnlich wie Machiavellis »Der Fürst« oder Sunzis »Die Kunst des Krieges« zeigt es den Weg zu Entschlossenheit und Loyalität und schärft Verstand und Vertrauen in die eigenen Fähigkeiten. Daß auch der innere Friede ein entscheidender Faktor ist, die Durchsetzung bei Konflikten, die Gelassenheit bei privaten Entscheidungen und die Weisheit in der Lebensführung zu finden, macht das »Hagakure« zu einem besonderen Wegweiser in der heutigen Welt.

05/1920/03/L   05/1181/02/R